TRANZLATY

La Langue est pour tout le Monde

Taal is vir almal

L'appel de la forêt

Die Roep van die Wilde

Jack London

Français / Afrikaans

Copyright © 2025 Tranzlaty
All rights reserved
Published by Tranzlaty
ISBN: 978-1-80572-822-1
Original text by Jack London
The Call of the Wild
First published in 1903
www.tranzlaty.com

Dans le primitif
In die Primitiewe

Buck ne lisait pas les journaux.
Buck het nie die koerante gelees nie.
S'il avait lu les journaux, il aurait su que des problèmes se préparaient.
As hy die koerante gelees het, sou hy geweet het dat moeilikheid aan die broei was.
Il y avait des problèmes non seulement pour lui-même, mais pour tous les chiens de la marée.
Daar was moeilikheid nie net vir homself nie, maar vir elke getywaterhond.
Tout chien musclé et aux poils longs et chauds allait avoir des ennuis.
Elke hond met sterk spiere en warm, lang hare sou in die moeilikheid wees.
De Puget Bay à San Diego, aucun chien ne pouvait échapper à ce qui allait arriver.
Van Pugetbaai tot San Diego kon geen hond ontsnap aan wat sou kom nie.
Des hommes, tâtonnant dans l'obscurité de l'Arctique, avaient trouvé un métal jaune.
Mans, wat in die Arktiese donkerte getas het, het 'n geel metaal gevind.
Les compagnies de navigation et de transport étaient à la recherche de cette découverte.
Stoomskip- en vervoermaatskappye het die ontdekking nagejaag.
Des milliers d'hommes se précipitaient vers le Nord.
Duisende mans het die Noordland binnegestorm.
Ces hommes voulaient des chiens, et les chiens qu'ils voulaient étaient des chiens lourds.
Hierdie mans wou honde hê, en die honde wat hulle wou hê, was swaar honde.
Chiens dotés de muscles puissants pour travailler.
Honde met sterk spiere waarmee hulle kan swoeg.

Chiens avec des manteaux de fourrure pour les protéger du gel.
Honde met harige pelse om hulle teen die ryp te beskerm.

Buck vivait dans une grande maison dans la vallée ensoleillée de Santa Clara.
Buck het in 'n groot huis in die sonnige Santa Clara-vallei gewoon.

La maison du juge Miller s'appelait ainsi.
Regter Miller se plek, sy huis is genoem.

Sa maison se trouvait en retrait de la route, à moitié cachée parmi les arbres.
Sy huis het van die pad af gestaan, half versteek tussen die bome.

On pouvait apercevoir la large véranda qui courait autour de la maison.
'n Mens kon glimpse van die wye stoep om die huis kry.

On accédait à la maison par des allées gravillonnées.
Die huis is via gruisopritte bereik.

Les sentiers serpentaient à travers de vastes pelouses.
Die paadjies het deur wyd uitgestrekte grasperke kronkel.

Au-dessus de nos têtes se trouvaient les branches entrelacées de grands peupliers.
Bo-oor was die ineengevlegte takke van hoë populiere.

À l'arrière de la maison, les choses étaient encore plus spacieuses.
Aan die agterkant van die huis was dinge selfs ruimer.

Il y avait de grandes écuries, où une douzaine de palefreniers discutaient
Daar was groot stalle, waar 'n dosyn bruidegomme gesels het

Il y avait des rangées de maisons de serviteurs recouvertes de vigne
Daar was rye bediendehuise met wingerdstokke

Et il y avait une gamme infinie et ordonnée de toilettes extérieures
En daar was 'n eindelose en ordelike reeks buitegeboue

Longues tonnelles de vigne, pâturages verts, vergers et parcelles de baies.
Lang druiweprieëls, groen weivelde, boorde en bessieplante.
Ensuite, il y avait l'usine de pompage du puits artésien.
Toe was daar die pompaanleg vir die artesiese put.
Et il y avait le grand réservoir en ciment rempli d'eau.
En daar was die groot sementtenk gevul met water.
C'est ici que les garçons du juge Miller ont fait leur plongeon matinal.
Hier het Regter Miller se seuns hul oggendduik geneem.
Et ils se sont rafraîchis là-bas aussi dans l'après-midi chaud.
En hulle het ook daar in die warm middag afgekoel.
Et sur ce grand domaine, Buck était celui qui régnait sur tout.
En oor hierdie groot domein, was Buck die een wat dit alles regeer het.
Buck est né sur cette terre et y a vécu toutes ses quatre années.
Buck is op hierdie grond gebore en het al sy vier jaar hier gewoon.
Il y avait bien d'autres chiens, mais ils n'avaient pas vraiment d'importance.
Daar was wel ander honde, maar hulle het nie regtig saak gemaak nie.
D'autres chiens étaient attendus dans un endroit aussi vaste que celui-ci.
Ander honde is verwag in 'n plek so groot soos hierdie een.
Ces chiens allaient et venaient, ou vivaient à l'intérieur des chenils très fréquentés.
Hierdie honde het gekom en gegaan, of binne die besige hondehokke gewoon.
Certains chiens vivaient cachés dans la maison, comme Toots et Ysabel.
Party honde het versteek in die huis gewoon, soos Toots en Ysabel.
Toots était un carlin japonais, Ysabel un chien nu mexicain.

Toots was 'n Japannese mopshond, Ysabel 'n Meksikaanse haarlose hond.

Ces étranges créatures sortaient rarement de la maison.
Hierdie vreemde wesens het selde buite die huis gestap.

Ils n'ont pas touché le sol, ni respiré l'air libre à l'extérieur.
Hulle het nie die grond aangeraak nie, en ook nie die oop lug buite geruik nie.

Il y avait aussi les fox-terriers, au moins une vingtaine.
Daar was ook die foxterriërs, ten minste twintig in getal.

Ces terriers aboyaient férocement sur Toots et Ysabel à l'intérieur.
Hierdie terriërs het binnenshuis woes vir Toots en Ysabel geblaf.

Toots et Ysabel sont restés derrière les fenêtres, à l'abri du danger.
Toots en Ysabel het agter vensters gebly, veilig teen gevaar.

Ils étaient gardés par des domestiques munies de balais et de serpillères.
Hulle is deur huisbediende met besems en moppe bewaak.

Mais Buck n'était pas un chien de maison, et il n'était pas non plus un chien de chenil.
Maar Buck was geen huishond nie, en hy was ook geen kennelhond nie.

L'ensemble de la propriété appartenait à Buck comme son royaume légitime.
Die hele eiendom het aan Buck behoort as sy regmatige ryk.

Buck nageait dans le réservoir ou partait à la chasse avec les fils du juge.
Buck het in die tenk geswem of saam met die Regter se seuns gaan jag.

Il marchait avec Mollie et Alice tôt ou tard le soir.
Hy het in die vroeë of laat oggendure saam met Mollie en Alice gestap.

Lors des nuits froides, il s'allongeait devant le feu de la bibliothèque avec le juge.
Op koue nagte het hy voor die biblioteekvuur saam met die Regter gelê.

Buck a promené les petits-fils du juge sur son dos robuste.
Buck het die Regter se kleinseuns op sy sterk rug saamgery.
Il roula dans l'herbe avec les garçons, les surveillant de près.
Hy het saam met die seuns in die gras gerol en hulle noukeurig bewaak.
Ils s'aventurèrent jusqu'à la fontaine et même au-delà des champs de baies.
Hulle het na die fontein en selfs verby die bessielande gewaag.
Parmi les fox terriers, Buck marchait toujours avec une fierté royale.
Onder die foksterriërs het Buck altyd met koninklike trots geloop.
Il ignora Toots et Ysabel, les traitant comme s'ils étaient de l'air.
Hy het Toots en Ysabel geïgnoreer en hulle soos lug behandel.
Buck régnait sur toutes les créatures vivantes sur les terres du juge Miller.
Buck het oor alle lewende wesens op Regter Miller se grond geheers.
Il régnait sur les animaux, les insectes, les oiseaux et même les humains.
Hy het oor diere, insekte, voëls en selfs mense geheers.
Le père de Buck, Elmo, était un énorme et fidèle Saint-Bernard.
Buck se pa, Elmo, was 'n groot en lojale Sint Bernardus.
Elmo n'a jamais quitté le juge et l'a servi fidèlement.
Elmo het nooit die Regter se sy verlaat nie, en hom getrou gedien.
Buck semblait prêt à suivre le noble exemple de son père.
Buck het gereed gelyk om sy vader se edele voorbeeld te volg.
Buck n'était pas aussi gros, pesant cent quarante livres.
Buck was nie heeltemal so groot nie, en het honderd-en-veertig pond geweeg.
Sa mère, Shep, était un excellent chien de berger écossais.
Sy ma, Shep, was 'n goeie Skotse herdershond.
Mais même avec ce poids, Buck marchait avec une présence royale.

Maar selfs met daardie gewig het Buck met koninklike teenwoordigheid geloop.
Cela venait de la bonne nourriture et du respect qu'il recevait toujours.
Dit het gekom van goeie kos en die respek wat hy altyd ontvang het.
Pendant quatre ans, Buck a vécu comme un noble gâté.
Vir vier jaar het Buck soos 'n bederfde edelman geleef.
Il était fier de lui, et même légèrement égoïste.
Hy was trots op homself, en selfs effens egoïsties.
Ce genre de fierté était courant chez les seigneurs des régions reculées.
Daardie soort trots was algemeen onder afgeleë plattelandse here.
Mais Buck s'est sauvé de devenir un chien de maison choyé.
Maar Buck het homself daarvan gered om nie 'n bederfde huishond te word nie.
Il est resté mince et fort grâce à la chasse et à l'exercice.
Hy het maer en sterk gebly deur jag en oefening.
Il aimait profondément l'eau, comme les gens qui se baignent dans les lacs froids.
Hy was baie lief vir water, soos mense wat in koue mere bad.
Cet amour pour l'eau a gardé Buck fort et en très bonne santé.
Hierdie liefde vir water het Buck sterk en baie gesond gehou.
C'était le chien que Buck était devenu à l'automne 1897.
Dit was die hond wat Buck in die herfs van 1897 geword het.
Lorsque la découverte du Klondike a attiré des hommes vers le Nord gelé.
Toe die Klondike-aanval mans na die bevrore Noorde getrek het.
Des gens du monde entier se sont précipités vers ce pays froid.
Mense het van oor die hele wêreld na die koue land gestroom.
Buck, cependant, ne lisait pas les journaux et ne comprenait pas les nouvelles.
Buck het egter nie die koerante gelees of nuus verstaan nie.

Il ne savait pas que Manuel était un homme désagréable à fréquenter.
Hy het nie geweet dat Manuel 'n slegte man was om mee saam te wees nie.
Manuel, qui aidait au jardin, avait un problème grave.
Manuel, wat in die tuin gehelp het, het 'n groot probleem gehad.
Manuel était accro aux jeux de loterie chinois.
Manuel was verslaaf aan dobbelary in die Chinese lotery.
Il croyait également fermement en un système fixe pour gagner.
Hy het ook sterk geglo in 'n vaste stelsel vir wen.
Cette croyance rendait son échec certain et inévitable.
Daardie oortuiging het sy mislukking seker en onvermydelik gemaak.
Jouer un système exige de l'argent, ce qui manquait à Manuel.
Om 'n stelsel te speel verg geld, wat Manuel kortgekom het.
Son salaire suffisait à peine à subvenir aux besoins de sa femme et de ses nombreux enfants.
Sy salaris het skaars sy vrou en baie kinders onderhou.
La nuit où Manuel a trahi Buck, les choses étaient normales.
Die nag toe Manuel Buck verraai het, was dinge normaal.
Le juge était présent à une réunion de l'Association des producteurs de raisins secs.
Die Regter was by 'n vergadering van die Rosyntjiekwekersvereniging.
Les fils du juge étaient alors occupés à former un club d'athlétisme.
Die Regter se seuns was toe besig om 'n atletiekklub te stig.
Personne n'a vu Manuel et Buck sortir par le verger.
Niemand het Manuel en Buck deur die boord sien vertrek nie.
Buck pensait que cette promenade n'était qu'une simple promenade nocturne.
Buck het gedink hierdie stap was net 'n eenvoudige nagtelike stappie.

Ils n'ont rencontré qu'un seul homme à la station du drapeau, à College Park.
Hulle het slegs een man by die vlagstasie, in College Park, ontmoet.

Cet homme a parlé à Manuel et ils ont échangé de l'argent.
Daardie man het met Manuel gepraat, en hulle het geld uitgeruil.

« Emballez les marchandises avant de les livrer », a-t-il suggéré.
"Verpak die goedere voordat jy dit aflewer," het hy voorgestel.

La voix de l'homme était rauque et impatiente lorsqu'il parlait.
Die man se stem was rof en ongeduldig terwyl hy gepraat het.

Manuel a soigneusement attaché une corde épaisse autour du cou de Buck.
Manuel het versigtig 'n dik tou om Buck se nek vasgemaak.

« Tournez la corde et vous l'étoufferez abondamment »
"Draai die tou, en jy sal hom baie verwurg"

L'étranger émit un grognement, montrant qu'il comprenait bien.
Die vreemdeling het gekreun, wat wys dat hy goed verstaan het.

Buck a accepté la corde avec calme et dignité tranquille ce jour-là.
Buck het die tou daardie dag met kalm en stille waardigheid aanvaar.

C'était un acte inhabituel, mais Buck faisait confiance aux hommes qu'il connaissait.
Dit was 'n ongewone daad, maar Buck het die mans wat hy geken het, vertrou.

Il croyait que leur sagesse allait bien au-delà de sa propre pensée.
Hy het geglo dat hulle wysheid veel verder gegaan het as sy eie denke.

Mais ensuite la corde fut remise entre les mains de l'étranger.

Maar toe is die tou in die hande van die vreemdeling oorhandig.
Buck émit un grognement sourd qui avertissait avec une menace silencieuse.
Buck het 'n lae grom gegee wat met stille dreiging gewaarsku het.
Il était fier et autoritaire, et voulait montrer son mécontentement.
Hy was trots en gebiedend, en wou sy misnoeë toon.
Buck pensait que son avertissement serait compris comme un ordre.
Buck het geglo dat sy waarskuwing as 'n bevel verstaan sou word.
À sa grande surprise, la corde se resserra rapidement autour de son cou épais.
Tot sy skok het die tou styf om sy dik nek getrek.
Son air fut coupé et il commença à se battre dans une rage soudaine.
Sy lug is afgesny en hy het skielik woedend begin veg.
Il s'est jeté sur l'homme, qui a rapidement rencontré Buck en plein vol.
Hy het op die man gespring, wat Buck vinnig in die lug teëgekom het.
L'homme attrapa Buck par la gorge et le fit habilement tourner dans les airs.
Die man het Buck se keel gegryp en hom vaardig in die lug gedraai.
Buck a été violemment projeté au sol, atterrissant à plat sur le dos.
Buck is hard neergegooi en het plat op sy rug beland.
La corde l'étranglait alors cruellement tandis qu'il donnait des coups de pied sauvages.
Die tou het hom nou wreed verwurg terwyl hy wild geskop het.
Sa langue tomba, sa poitrine se souleva, mais il ne reprit pas son souffle.

Sy tong het uitgeval, sy bors het gebewe, maar hy het nie asemgehaal nie.
Il n'avait jamais été traité avec une telle violence de sa vie.
Hy is nog nooit in sy lewe met sulke geweld behandel nie.
Il n'avait jamais été rempli d'une fureur aussi profonde auparavant.
Hy was ook nog nooit tevore met so 'n diepe woede gevul nie.
Mais le pouvoir de Buck s'est estompé et ses yeux sont devenus vitreux.
Maar Buck se krag het vervaag, en sy oë het glasagtig geword.
Il s'est évanoui juste au moment où un train s'arrêtait à proximité.
Hy het flou geword net toe 'n trein naby stilhou.
Les deux hommes le jetèrent alors rapidement dans le fourgon à bagages.
Toe gooi die twee mans hom vinnig in die bagasiewa.
La chose suivante que Buck ressentit fut une douleur dans sa langue enflée.
Die volgende ding wat Buck gevoel het, was pyn in sy geswolle tong.
Il se déplaçait dans un chariot tremblant, à peine conscient.
Hy het in 'n bewerige karretjie beweeg, slegs vaagweg by sy bewussyn.
Le cri aigu d'un sifflet de train indiqua à Buck où il se trouvait.
Die skerp gil van 'n treinfluitjie het vir Buck sy ligging vertel.
Il avait souvent roulé avec le juge et connaissait ce sentiment.
Hy het dikwels saam met die Regter gery en het die gevoel geken.
C'était le choc unique de voyager à nouveau dans un fourgon à bagages.
Dit was die unieke skok om weer in 'n bagasiewa te reis.
Buck ouvrit les yeux et son regard brûla de rage.
Buck het sy oë oopgemaak, en sy blik het van woede gebrand.
C'était la colère d'un roi fier déchu de son trône.

Dit was die toorn van 'n trotse koning wat van sy troon af weggeneem is.

Un homme a tenté de l'attraper, mais Buck a frappé en premier.

'n Man het uitgereik om hom te gryp, maar Buck het eerste geslaan.

Il enfonça ses dents dans la main de l'homme et la serra fermement.

Hy het sy tande in die man se hand geslaan en styf vasgehou.

Il ne l'a pas lâché jusqu'à ce qu'il s'évanouisse une deuxième fois.

Hy het nie losgelaat totdat hy 'n tweede keer bewusteloos geraak het nie.

« Ouais, il a des crises », murmura l'homme au bagagiste.

"Ja, kry stuipe," mompel die man vir die bagasieman.

Le bagagiste avait entendu la lutte et s'était approché.

Die bagasieman het die gesukkel gehoor en nader gekom.

« Je l'emmène à Frisco pour le patron », a expliqué l'homme.

"Ek neem hom na 'Frisco vir die baas," het die man verduidelik.

« Il y a un excellent vétérinaire qui dit pouvoir les guérir. »

"Daar is 'n goeie hondedokter wat sê hy kan hulle genees."

Plus tard dans la soirée, l'homme a donné son propre récit complet.

Later daardie aand het die man sy eie volledige weergawe gegee.

Il parlait depuis un hangar derrière un saloon sur les quais.

Hy het vanuit 'n skuur agter 'n saloon op die dokke gepraat.

« Tout ce qu'on m'a donné, c'était cinquante dollars », se plaignit-il au vendeur du saloon.

"Al wat ek gekry het, was vyftig dollar," het hy by die saloonman gekla.

« Je ne le referais pas, même pour mille dollars en espèces. »

"Ek sou dit nie weer doen nie, nie eens vir 'n duisend in koue kontant nie."

Sa main droite était étroitement enveloppée dans un tissu ensanglanté.

Sy regterhand was styf toegedraai in 'n bloedige lap.
Son pantalon était déchiré du genou au pied.
Sy broekspyp was wyd oopgeskeur van knie tot voet.
« Combien a été payé l'autre idiot ? » demanda le vendeur du saloon.
"Hoeveel het die ander beker betaal gekry?" het die saloonman gevra.
« Cent », répondit l'homme, « il n'accepterait pas un centime de moins. »
"Honderd," antwoord die man, "hy sal nie 'n sent minder neem nie."
« Cela fait cent cinquante », dit le vendeur du saloon.
"Dit kom neer op honderd-en-vyftig," het die saloonman gesê.
« Et il vaut tout ça, sinon je ne suis pas meilleur qu'un imbécile. »
"En hy is dit alles werd, anders is ek niks beter as 'n domkop nie."
L'homme ouvrit les emballages pour examiner sa main.
Die man het die verpakking oopgemaak om sy hand te ondersoek.
La main était gravement déchirée et couverte de sang séché.
Die hand was erg geskeur en bedek met droë bloed.
« Si je n'ai pas l' hydrophobie… » commença-t-il à dire.
"As ek nie die hidrofobie kry nie …" het hy begin sê.
« Ce sera parce que tu es né pour être pendu », dit-il en riant.
"Dit sal wees omdat jy gebore is om te hang," kom daar 'n lag.
« Viens m'aider avant de partir », lui a-t-on demandé.
"Kom help my uit voordat jy gaan," is hy gevra.
Buck était dans un état second à cause de la douleur dans sa langue et sa gorge.
Buck was in 'n beswyming van die pyn in sy tong en keel.
Il était à moitié étranglé et pouvait à peine se tenir debout.
Hy was half verwurg en kon skaars regop staan.
Pourtant, Buck essayait de faire face aux hommes qui l'avaient blessé ainsi.
Tog het Buck probeer om die mans wat hom so seergemaak het, in die gesig te staar.

Mais ils le jetèrent à terre et l'étranglèrent une fois de plus.
Maar hulle het hom neergegooi en hom weer eens verwurg.
Ce n'est qu'à ce moment-là qu'ils ont pu scier son lourd collier de laiton.
Eers toe kon hulle sy swaar koperkraag afsaag.
Ils ont retiré la corde et l'ont poussé dans une caisse.
Hulle het die tou verwyder en hom in 'n krat gegooi.
La caisse était petite et avait la forme d'une cage en fer brut.
Die krat was klein en gevorm soos 'n growwe ysterhok.
Buck resta allongé là toute la nuit, rempli de colère et d'orgueil blessé.
Buck het die hele nag daar gelê, vol woede en gewonde trots.
Il ne pouvait pas commencer à comprendre ce qui lui arrivait.
Hy kon nie begin verstaan wat met hom gebeur nie.
Pourquoi ces hommes étranges le gardaient-ils dans cette petite caisse ?
Waarom het hierdie vreemde mans hom in hierdie klein krat aangehou?
Que voulaient-ils de lui et pourquoi cette cruelle captivité ?
Wat wou hulle met hom hê, en waarom hierdie wrede gevangenskap?
Il ressentait une pression sombre, un sentiment de catastrophe qui se rapprochait.
Hy het 'n donker druk gevoel; 'n gevoel van ramp wat nader kom.
C'était une peur vague, mais elle pesait lourdement sur son esprit.
Dit was 'n vae vrees, maar dit het swaar op sy gees neergesak.
Il a sursauté à plusieurs reprises lorsque la porte du hangar a claqué.
Verskeie kere het hy opgespring toe die skuurdeur rammel.
Il s'attendait à ce que le juge ou les garçons apparaissent et le sauvent.
Hy het verwag dat die Regter of die seuns sou verskyn en hom red.

Mais à chaque fois, seul le gros visage du tenancier de bar apparaissait à l'intérieur.
Maar net die saloon-eienaar se vet gesig het elke keer binne-in geloer.
Le visage de l'homme était éclairé par la faible lueur d'une bougie de suif.
Die man se gesig was verlig deur die dowwe gloed van 'n talgkers.
À chaque fois, l'aboiement joyeux de Buck se transformait en un grognement bas et colérique.
Elke keer het Buck se vrolike blaf verander in 'n lae, kwaai gegrom.

Le tenancier du saloon l'a laissé seul pour la nuit dans la caisse
Die kroegman het hom alleen vir die nag in die krat gelos
Mais quand il se réveilla le matin, d'autres hommes arrivèrent.
Maar toe hy die oggend wakker word, het meer manne aangekom.
Quatre hommes sont venus et ont ramassé la caisse avec précaution, sans un mot.
Vier mans het gekom en die krat versigtig opgetel sonder 'n woord.
Buck comprit immédiatement dans quelle situation il se trouvait.
Buck het dadelik geweet in watter situasie hy hom bevind het.
Ils étaient d'autres bourreaux qu'il devait combattre et craindre.
Hulle was verdere pynigers wat hy moes beveg en vrees.
Ces hommes avaient l'air méchants, en haillons et très mal soignés.
Hierdie mans het boos, rafelrig en baie sleg versorg gelyk.
Buck grogna et se jeta férocement sur eux à travers les barreaux.
Buck het gegrom en woes deur die tralies op hulle afgestorm.

Ils se sont contentés de rire et de le frapper avec de longs bâtons en bois.
Hulle het net gelag en hom met lang houtstokke gesteek.
Buck a mordu les bâtons, puis s'est rendu compte que c'était ce qu'ils aimaient.
Buck het aan die stokke gebyt, toe besef dis wat hulle daarvan hou.
Il s'allongea donc tranquillement, maussade et brûlant d'une rage silencieuse.
So het hy stil gaan lê, nors en brandend van stille woede.
Ils ont soulevé la caisse dans un chariot et sont partis avec lui.
Hulle het die krat in 'n wa gelig en met hom weggery.
La caisse, avec Buck enfermé à l'intérieur, changeait souvent de mains.
Die krat, met Buck binne toegesluit, het gereeld van eienaar verwissel.
Les employés du bureau express ont pris les choses en main et l'ont traité brièvement.
Express-kantoorklerke het die leisels oorgeneem en hom kortliks hanteer.
Puis un autre chariot transporta Buck à travers la ville bruyante.
Toe het nog 'n wa Buck oor die lawaaierige dorp gedra.
Un camion l'a emmené avec des cartons et des colis sur un ferry.
'n Vragmotor het hom met bokse en pakkies op 'n veerboot geneem.
Après la traversée, le camion l'a déchargé dans un dépôt ferroviaire.
Nadat hy oorgesteek het, het die vragmotor hom by 'n spoorwegdepot afgelaai.
Finalement, Buck fut placé dans une voiture express en attente.
Uiteindelik is Buck in 'n wagtende snelwa geplaas.
Pendant deux jours et deux nuits, les trains ont emporté la voiture express.

Vir twee dae en nagte het treine die snelwa weggetrek.
Buck n'a ni mangé ni bu pendant tout le douloureux voyage.
Buck het gedurende die hele pynlike reis nie geëet of gedrink nie.
Lorsque les messagers express ont essayé de l'approcher, il a grogné.
Toe die snelbodes hom probeer nader, het hy gegrom.
Ils ont réagi en se moquant de lui et en le taquinant cruellement.
Hulle het gereageer deur hom te bespot en hom wreed te terg.
Buck se jeta sur les barreaux, écumant et tremblant
Buck het homself teen die tralies gegooi, skuimend en bewerig
ils ont ri bruyamment et l'ont raillé comme des brutes de cour d'école.
hulle het hard gelag en hom gespot soos skoolboelies.
Ils aboyaient comme de faux chiens et battaient des bras.
Hulle het soos vals honde geblaf en met hul arms geklap.
Ils ont même chanté comme des coqs juste pour le contrarier davantage.
Hulle het selfs soos hane gekraai net om hom nog meer te ontstel.
C'était un comportement stupide, et Buck savait que c'était ridicule.
Dit was dwase gedrag, en Buck het geweet dit was belaglik.
Mais cela n'a fait qu'approfondir son sentiment d'indignation et de honte.
Maar dit het net sy gevoel van verontwaardiging en skaamte verdiep.
Il n'a pas été trop dérangé par la faim pendant le voyage.
Hy was nie veel deur honger gepla tydens die reis nie.
Mais la soif provoquait une douleur aiguë et une souffrance insupportable.
Maar dors het skerp pyn en ondraaglike lyding gebring.
Sa gorge sèche et enflammée et sa langue brûlaient de chaleur.
Sy droë, ontsteekte keel en tong het gebrand van hitte.

Cette douleur alimentait la fièvre qui montait dans son corps fier.
Hierdie pyn het die koors gevoed wat in sy trotse liggaam gestyg het.
Buck était reconnaissant pour une seule chose au cours de ce procès.
Buck was dankbaar vir een enkele ding tydens hierdie verhoor.
La corde avait été retirée de son cou épais.
Die tou was om sy dik nek verwyder.
La corde avait donné à ces hommes un avantage injuste et cruel.
Die tou het daardie manne 'n onregverdige en wrede voordeel gegee.
Maintenant, la corde avait disparu et Buck jura qu'elle ne reviendrait jamais.
Nou was die tou weg, en Buck het gesweer dit sou nooit terugkeer nie.
Il a décidé qu'aucune corde ne passerait plus jamais autour de son cou.
Hy het besluit dat geen tou ooit weer om sy nek sou gaan nie.
Pendant deux longs jours et deux longues nuits, il souffrit sans nourriture.
Vir twee lang dae en nagte het hy sonder kos gely.
Et pendant ces heures, il a développé une énorme rage en lui.
En in daardie ure het hy 'n enorme woede binne hom opgebou.
Ses yeux sont devenus injectés de sang et sauvages à cause d'une colère constante.
Sy oë het bloedbelope en wild geword van voortdurende woede.
Il n'était plus Buck, mais un démon aux mâchoires claquantes.
Hy was nie meer Buck nie, maar 'n demoon met klapkake.
Même le juge n'aurait pas reconnu cette créature folle.
Selfs die Regter sou hierdie mal skepsel nie geken het nie.

Les messagers express ont soupiré de soulagement lorsqu'ils ont atteint Seattle
Die snelboodskappers het verlig gesug toe hulle Seattle bereik het.
Quatre hommes ont soulevé la caisse et l'ont amenée dans une cour arrière.
Vier mans het die krat opgelig en na 'n agterplaas gebring.
La cour était petite, entourée de murs hauts et solides.
Die erf was klein, omring deur hoë en soliede mure.
Un grand homme sortit, vêtu d'un pull rouge affaissé.
'n Groot man het uitgestap in 'n verslapte rooi truihemp.
Il a signé le carnet de livraison d'une écriture épaisse et audacieuse.
Hy het die afleweringsboek met 'n dik en vet hand geteken.
Buck sentit immédiatement que cet homme était son prochain bourreau.
Buck het dadelik aangevoel dat hierdie man sy volgende kwelgeest was.
Il se jeta violemment sur les barreaux, les yeux rouges de fureur.
Hy het gewelddadig teen die tralies gestorm, oë rooi van woede.
L'homme sourit simplement sombrement et alla chercher une hachette.
Die man het net donker geglimlag en 'n byl gaan haal.
Il portait également une massue dans sa main droite épaisse et forte.
Hy het ook 'n stok in sy dik en sterk regterhand gebring.
« Tu vas le sortir maintenant ? » demanda le chauffeur, inquiet.
"Gaan jy hom nou uithaal?" het die bestuurder bekommerd gevra.
« Bien sûr », dit l'homme en enfonçant la hachette dans la caisse comme levier.
"Seker," sê die man en druk die byl as 'n hefboom in die krat vas.

Les quatre hommes se dispersèrent instantanément et sautèrent sur le mur de la cour.
Die vier mans het onmiddellik uitmekaar gespring en op die erfmuur gespring.
Depuis leurs endroits sûrs, ils attendaient d'assister au spectacle.
Vanuit hul veilige plekke daarbo het hulle gewag om die skouspel te aanskou.
Buck se jeta sur le bois éclaté, le mordant et le secouant violemment.
Buck het na die versplinterde hout gestorm, terwyl hy hewig byt en bewe.
Chaque fois que la hachette touchait la cage, Buck était là pour l'attaquer.
Elke keer as die byl die hok getref het), was Buck daar om dit aan te val.
Il grogna et claqua des dents avec une rage folle, impatient d'être libéré.
Hy het gegrom en gekap van wilde woede, gretig om vrygelaat te word.
L'homme dehors était calme et stable, concentré sur sa tâche.
Die man buite was kalm en standvastig, vasbeslote op sy taak.
« Bon, alors, espèce de diable aux yeux rouges », dit-il lorsque le trou fut grand.
"Goed dan, jou rooioogduiwel," het hy gesê toe die gat groot was.
Il laissa tomber la hachette et prit le gourdin dans sa main droite.
Hy het die byl laat val en die knuppel in sy regterhand geneem.
Buck ressemblait vraiment à un diable ; les yeux injectés de sang et flamboyants.
Buck het werklik soos 'n duiwel gelyk; oë bloedbelope en vlammend.
Son pelage se hérissait, de la mousse s'échappait de sa bouche, ses yeux brillaient.

Sy jas het geborsel, skuim het om sy mond geskuim, oë het geglinster.
Il rassembla ses muscles et se jeta directement sur le pull rouge.
Hy het sy spiere saamgespan en reguit op die rooi trui gespring.
Cent quarante livres de fureur s'abattèrent sur l'homme calme.
Honderd-en-veertig pond woede het na die kalm man gevlieg.
Juste avant que ses mâchoires ne se referment, un coup terrible le frappa.
Net voordat sy kake toegeklamp het, het 'n verskriklike hou hom getref.
Ses dents claquèrent l'une contre l'autre, rien d'autre que l'air
Sy tande het teen mekaar geknak op niks anders as lug nie
une secousse de douleur résonna dans son corps
'n skok van pyn het deur sy liggaam weergalm
Il a fait un saut périlleux en plein vol et s'est écrasé sur le dos et sur le côté.
Hy het midde-in die lug omgeslaan en op sy rug en sy neergestort.
Il n'avait jamais ressenti auparavant le coup d'un gourdin et ne pouvait pas le saisir.
Hy het nog nooit tevore 'n knuppel se hou gevoel nie en kon dit nie vasgryp nie.
Avec un grognement strident, mi-aboiement, mi-cri, il bondit à nouveau.
Met 'n gillende gegrom, deels blaf, deels gil, het hy weer opgespring.
Un autre coup brutal le frappa et le projeta au sol.
Nog 'n wrede hou het hom getref en hom op die grond gegooi.
Cette fois, Buck comprit : c'était la lourde massue de l'homme.
Hierdie keer het Buck verstaan — dit was die man se swaar knuppel.
Mais la rage l'aveuglait, et il n'avait aucune idée de retraite.

Maar woede het hom verblind, en hy het geen gedagte aan terugtog gehad nie.
Douze fois il s'est lancé et douze fois il est tombé.
Twaalf keer het hy homself gewerp, en twaalf keer het hy geval.
Le gourdin en bois le frappait à chaque fois avec une force impitoyable et écrasante.
Die houtknuppel het hom elke keer met meedoënlose, verpletterende krag verpletter.
Après un coup violent, il se releva en titubant, étourdi et lent.
Na een hewige hou het hy versuft en stadig orent gekom.
Du sang coulait de sa bouche, de son nez et même de ses oreilles.
Bloed het uit sy mond, sy neus en selfs sy ore gestroom.
Son pelage autrefois magnifique était maculé de mousse sanglante.
Sy eens pragtige jas was met bloedige skuim besmeer.
Alors l'homme s'est avancé et a donné un coup violent au nez.
Toe tree die man op en slaan hom 'n wrede hou teen die neus.
L'agonie était plus vive que tout ce que Buck avait jamais ressenti.
Die pyn was skerper as enigiets wat Buck ooit gevoel het.
Avec un rugissement plus bête que chien, il bondit à nouveau pour attaquer.
Met 'n gebrul meer dier as hond, het hy weer opgespring om aan te val.
Mais l'homme attrapa sa mâchoire inférieure et la tourna vers l'arrière.
Maar die man het sy onderkaak gegryp en dit agtertoe gedraai.
Buck fit un saut périlleux et s'écrasa à nouveau violemment.
Buck het kop oor hakke geslaan en weer hard neergestort.
Une dernière fois, Buck se précipita sur lui, maintenant à peine capable de se tenir debout.

Een laaste keer het Buck op hom afgestorm, nou skaars in staat om op te staan.
L'homme a frappé avec un timing expert, délivrant le coup final.
Die man het met kundige tydsberekening toegeslaan en die finale hou toegedien.
Buck s'est effondré, inconscient et immobile.
Buck het bewusteloos en roerloos in 'n hoop ineengestort.
« Il n'est pas mauvais pour dresser les chiens, c'est ce que je dis », a crié un homme.
"Hy is nie traag met honde-breek nie, dis wat ek sê," het 'n man geskree.
« Druther peut briser la volonté d'un chien n'importe quel jour de la semaine. »
"Druther kan die wil van 'n hond enige dag van die week breek."
« Et deux fois un dimanche ! » a ajouté le chauffeur.
"En twee keer op 'n Sondag!" het die bestuurder bygevoeg.
Il monta dans le chariot et fit claquer les rênes pour partir.
Hy het in die wa geklim en die teuels gekraak om te vertrek.
Buck a lentement repris le contrôle de sa conscience
Buck het stadig beheer oor sy bewussyn herwin
mais son corps était encore trop faible et brisé pour bouger.
maar sy liggaam was steeds te swak en gebreek om te beweeg.
Il resta allongé là où il était tombé, regardant l'homme au pull rouge.
Hy het gelê waar hy geval het, en die man met die rooi trui dopgehou.
« Il répond au nom de Buck », dit l'homme en lisant à haute voix.
"Hy antwoord op die naam van Buck," het die man gesê terwyl hy hardop lees.
Il a cité la note envoyée avec la caisse de Buck et les détails.
Hy het aangehaal uit die nota wat saam met Buck se krat gestuur is, en besonderhede.
« Eh bien, Buck, mon garçon », continua l'homme d'un ton amical,

"Wel, Buck, my seun," het die man met 'n vriendelike toon voortgegaan,
« Nous avons eu notre petite dispute, et maintenant c'est fini entre nous. »
"Ons het ons klein rusie gehad, en nou is dit verby tussen ons."
« Tu as appris à connaître ta place, et j'ai appris à connaître la mienne », a-t-il ajouté.
"Jy het jou plek geleer, en ek het myne geleer," het hy bygevoeg.
« Sois sage, tout ira bien et la vie sera agréable. »
"Wees goed, en alles sal goed gaan, en die lewe sal aangenaam wees."
« Mais sois méchant, et je te botterai les fesses, compris ? »
"Maar wees stout, en ek sal jou die vulsel uitslaan, verstaan?"
Tandis qu'il parlait, il tendit la main et tapota la tête douloureuse de Buck.
Terwyl hy gepraat het, het hy uitgereik en Buck se seer kop geklop.
Les cheveux de Buck se dressèrent au contact de l'homme, mais il ne résista pas.
Buck se hare het rys toe die man dit aanraak, maar hy het nie weerstand gebied nie.
L'homme lui apporta de l'eau, que Buck but à grandes gorgées.
Die man het vir hom water gebring, wat Buck in groot slukke gedrink het.
Puis vint la viande crue, que Buck dévora morceau par morceau.
Toe kom rou vleis, wat Buck stukkie vir stukkie verslind het.
Il savait qu'il était battu, mais il savait aussi qu'il n'était pas brisé.
Hy het geweet hy is geslaan, maar hy het ook geweet hy was nie gebreek nie.
Il n'avait aucune chance contre un homme armé d'une matraque.
Hy het geen kans gehad teen 'n man gewapen met 'n knuppel nie.

Il avait appris la vérité et il n'a jamais oublié cette leçon.
Hy het die waarheid geleer, en hy het daardie les nooit vergeet nie.
Cette arme était le début de la loi dans le nouveau monde de Buck.
Daardie wapen was die begin van die wet in Buck se nuwe wêreld.
C'était le début d'un ordre dur et primitif qu'il ne pouvait nier.
Dit was die begin van 'n harde, primitiewe orde wat hy nie kon ontken nie.
Il accepta la vérité ; ses instincts sauvages étaient désormais éveillés.
Hy het die waarheid aanvaar; sy wilde instinkte was nou wakker.
Le monde était devenu plus dur, mais Buck l'a affronté avec courage.
Die wêreld het harder geword, maar Buck het dit dapper die hoof gebied.
Il a affronté la vie avec une prudence, une ruse et une force tranquille nouvelles.
Hy het die lewe met nuwe versigtigheid, listigheid en stille krag tegemoetgegaan.
D'autres chiens sont arrivés, attachés dans des cordes ou des caisses comme Buck l'avait été.
Meer honde het aangekom, vasgemaak in toue of kratte soos Buck was.
Certains chiens sont venus calmement, d'autres ont fait rage et se sont battus comme des bêtes sauvages.
Party honde het kalm gekom, ander het gewoed en soos wilde diere geveg.
Ils furent tous soumis au règne de l'homme au pull rouge.
Hulle almal is onder die heerskappy van die man met die rooi trui gebring.
À chaque fois, Buck regardait et voyait la même leçon se dérouler.
Elke keer het Buck gekyk en dieselfde les sien ontvou.

L'homme avec la massue était la loi, un maître à obéir.
Die man met die knuppel was die wet; 'n meester wat gehoorsaam moes word.
Il n'avait pas besoin d'être aimé, mais il fallait qu'on lui obéisse.
Hy het nie nodig gehad om gehou te word nie, maar hy moes gehoorsaam word.
Buck ne s'est jamais montré flatteur ni n'a remué la queue comme le faisaient les chiens plus faibles.
Bok het nooit gekuier of gewaggel soos die swakker honde nie.
Il a vu des chiens qui avaient été battus et qui continuaient à lécher la main de l'homme.
Hy het honde gesien wat geslaan is en steeds die man se hand gelek het.
Il a vu un chien qui refusait d'obéir ou de se soumettre du tout.
Hy het een hond gesien wat glad nie wou gehoorsaam of onderwerp nie.
Ce chien s'est battu jusqu'à ce qu'il soit tué dans la bataille pour le contrôle.
Daardie hond het geveg totdat hy in die stryd om beheer dood is.
Des étrangers venaient parfois voir l'homme au pull rouge.
Vreemdelinge sou soms kom om die man met die rooi trui te sien.
Ils parlaient sur un ton étrange, suppliant, marchandant et riant.
Hulle het in vreemde toonhoogte gepraat, gesmeek, onderhandel en gelag.
Lors de l'échange d'argent, ils partaient avec un ou plusieurs chiens.
Toe geld geruil is, het hulle met een of meer honde vertrek.
Buck se demandait où étaient passés ces chiens, car aucun n'était jamais revenu.
Buck het gewonder waarheen hierdie honde gegaan het, want niemand het ooit teruggekeer nie.

la peur de l'inconnu envahissait Buck chaque fois qu'un homme étrange venait
vrees vir die onbekende het Buck elke keer gevul wanneer 'n vreemde man gekom het

il était content à chaque fois qu'un autre chien était pris, plutôt que lui-même.
Hy was bly elke keer as 'n ander hond geneem is, eerder as hyself.

Mais finalement, le tour de Buck arriva avec l'arrivée d'un homme étrange.
Maar uiteindelik het Buck se beurt gekom met die aankoms van 'n vreemde man.

Il était petit, nerveux, parlait un anglais approximatif et jurait.
Hy was klein, draderig en het in gebroke Engels en vloekwoorde gepraat.

« Sacré-Dam ! » hurla-t-il en posant les yeux sur le corps de Buck.
"Heilig!" het hy geskree toe hy Buck se lyf sien.

« C'est un sacré chien tyrannique ! Hein ? Combien ? » demanda-t-il à voix haute.
"Dis een verdomde boeliehond! Ag? Hoeveel?" het hy hardop gevra.

« Trois cents, et c'est un cadeau à ce prix-là. »
"Driehonderd, en hy's 'n geskenk teen daardie prys,"

« Puisque c'est de l'argent du gouvernement, tu ne devrais pas te plaindre, Perrault. »
"Aangesien dit staatsgeld is, moet jy nie kla nie, Perrault."

Perrault sourit à l'idée de l'accord qu'il venait de conclure avec cet homme.
Perrault het geglimlag oor die ooreenkoms wat hy pas met die man gesluit het.

Le prix des chiens a grimpé en flèche en raison de la demande soudaine.
Die prys van honde het gestyg as gevolg van die skielike vraag.

Trois cents dollars, ce n'était pas injuste pour une si belle bête.
Driehonderd dollar was nie onregverdig vir so 'n pragtige dier nie.
Le gouvernement canadien ne perdrait rien dans cet accord
Die Kanadese regering sou niks in die ooreenkoms verloor nie.
Leurs dépêches officielles ne seraient pas non plus retardées en transit.
Ook sou hul amptelike versendings nie tydens vervoer vertraag word nie.
Perrault connaissait bien les chiens et pouvait voir que Buck était quelque chose de rare.
Perrault het honde goed geken, en kon sien dat Buck iets vreemds was.
« Un sur dix dix mille », pensa-t-il en étudiant la silhouette de Buck.
"Een uit tien tienduisend," het hy gedink terwyl hy Buck se bou bestudeer het.
Buck a vu l'argent changer de mains, mais n'a montré aucune surprise.
Buck het gesien hoe die geld van eienaar verwissel, maar het geen verbasing getoon nie.
Bientôt, lui et Curly, un gentil Terre-Neuve, furent emmenés.
Gou is hy en Curly, 'n sagte Newfoundlander, weggelei.
Ils suivirent le petit homme depuis la cour du pull rouge.
Hulle het die klein mannetjie van die rooi trui se erf gevolg.
Ce fut la dernière fois que Buck vit l'homme avec la massue en bois.
Dit was die laaste wat Buck ooit van die man met die houtknuppel gesien het.
Depuis le pont du Narval, il regardait Seattle disparaître au loin.
Van die Narwhal se dek af het hy Seattle in die verte sien verdwyn.
C'était aussi la dernière fois qu'il voyait le chaud Southland.

Dit was ook die laaste keer dat hy ooit die warm Suidland gesien het.

Perrault les emmena sous le pont et les laissa à François.
Perrault het hulle onderdek geneem en hulle by François gelos.

François était un géant au visage noir, aux mains rugueuses et calleuses.
François was 'n swartgesigreus met growwe, eelte hande.

Il était brun et basané; un métis franco-canadien.
Hy was donker en dor; 'n halfbloed Frans-Kanadees.

Pour Buck, ces hommes étaient d'un genre qu'il n'avait jamais vu auparavant.
Vir Buck was hierdie manne van 'n soort wat hy nog nooit tevore gesien het nie.

Il allait connaître beaucoup d'autres hommes de ce genre dans les jours qui suivirent.
Hy sou in die dae wat voorlê baie sulke manne leer ken.

Il ne s'est pas attaché à eux, mais il a appris à les respecter.
Hy het nie van hulle gehou nie, maar hy het hulle begin respekteer.

Ils étaient justes et sages, et ne se laissaient pas facilement tromper par un chien.
Hulle was regverdig en wys, en nie maklik deur enige hond mislei nie.

Ils jugeaient les chiens avec calme et ne les punissaient que lorsqu'ils le méritaient.
Hulle het honde kalm beoordeel en slegs gestraf wanneer dit verdien is.

Sur le pont inférieur du Narwhal, Buck et Curly ont rencontré deux chiens.
In die Narwhal se onderste dek het Buck en Curly twee honde ontmoet.

L'un d'eux était un grand chien blanc venu du lointain et glacial Spitzberg.
Een was 'n groot wit hond van die verre, ysige Spitsbergen.

Il avait autrefois navigué avec un baleinier et rejoint un groupe d'enquête.

Hy het eenkeer saam met 'n walvisjagter geseil en by 'n opnamegroep aangesluit.

Il était amical d'une manière sournoise, sournoise et rusée.
Hy was vriendelik op 'n slinkse, onderduimse en listige manier.

Lors de leur premier repas, il a volé un morceau de viande dans la poêle de Buck.
By hulle eerste maaltyd het hy 'n stuk vleis uit Buck se pan gesteel.

Buck sauta pour le punir, mais le fouet de François frappa en premier.
Buck het gespring om hom te straf, maar François se sweep het eerste getref.

Le voleur blanc hurla et Buck récupéra l'os volé.
Die wit dief het geskree, en Buck het die gesteelde been teruggeëis.

Cette équité impressionna Buck, et François gagna son respect.
Daardie billikheid het Buck beïndruk, en François het sy respek verdien.

L'autre chien ne lui a pas adressé de salut et n'en a pas voulu en retour.
Die ander hond het geen groet gegee nie, en wou niks terug hê nie.

Il ne volait pas de nourriture et ne reniflait pas les nouveaux arrivants avec intérêt.
Hy het nie kos gesteel nie, en ook nie belangstellend aan die nuwe aankomelinge geruik nie.

Ce chien était sinistre et calme, sombre et lent.
Hierdie hond was grimmig en stil, somber en stadig bewegend.

Il a averti Curly de rester à l'écart en la regardant simplement.
Hy het Curly gewaarsku om weg te bly deur haar bloot aan te staar.

Son message était clair : laissez-moi tranquille ou il y aura des problèmes.

Sy boodskap was duidelik; los my uit, anders kom daar moeilikheid.
Il s'appelait Dave et il remarquait à peine son environnement.
Hy is Dave genoem, en hy het skaars sy omgewing opgemerk.
Il dormait souvent, mangeait tranquillement et bâillait de temps en temps.
Hy het dikwels geslaap, stil geëet en nou en dan gegaap.

Le navire ronronnait constamment avec le battement de l'hélice en dessous.
Die skip het aanhoudend gegons met die kloppende skroef onder.
Les jours passèrent sans grand changement, mais le temps devint plus froid.
Dae het met min verandering verbygegaan, maar die weer het kouer geword.
Buck pouvait le sentir dans ses os et remarqua que les autres le faisaient aussi.
Buck kon dit in sy bene voel, en het opgemerk dat die ander dit ook gedoen het.
Puis un matin, l'hélice s'est arrêtée et tout est redevenu calme.
Toe, een oggend, het die skroef gaan staan en alles was stil.
Une énergie parcourut le vaisseau ; quelque chose avait changé.
'n Energie het deur die skip gespoel; iets het verander.
François est descendu, les a attachés en laisse et les a remontés.
François het afgekom, hulle aan leibande vasgemaak en hulle opgebring.
Buck sortit et trouva le sol doux, blanc et froid.
Buck het uitgestap en die grond sag, wit en koud gevind.
Il sursauta en arrière, alarmé, et renifla, totalement confus.
Hy het ontsteld teruggespring en in totale verwarring gesnork.
Une étrange substance blanche tombait du ciel gris.

Vreemde wit goed het uit die grys lug geval.
Il se secoua, mais les flocons blancs continuaient à atterrir sur lui.
Hy het homself geskud, maar die wit vlokkies het aanhou op hom land.
Il renifla soigneusement la substance blanche et lécha quelques morceaux glacés.
Hy het die wit goed versigtig geruik en aan 'n paar ysige stukkies gelek.
La poudre brûla comme du feu, puis disparut de sa langue.
Die poeier het soos vuur gebrand en toe dadelik van sy tong af verdwyn.
Buck essaya à nouveau, intrigué par l'étrange froideur qui disparaissait.
Buck het weer probeer, verward deur die vreemde verdwynende koue.
Les hommes autour de lui rirent et Buck se sentit gêné.
Die mans rondom hom het gelag, en Buck het verleë gevoel.
Il ne savait pas pourquoi, mais il avait honte de sa réaction.
Hy het nie geweet hoekom nie, maar hy was skaam oor sy reaksie.
C'était sa première expérience avec la neige, et cela le dérouta.
Dit was sy eerste ervaring met sneeu, en dit het hom verwar.

La loi du club et des crocs
Die Wet van Knub en Tand

Le premier jour de Buck sur la plage de Dyea ressemblait à un terrible cauchemar.
Buck se eerste dag op die Dyea-strand het soos 'n verskriklike nagmerrie gevoel.

Chaque heure apportait de nouveaux chocs et des changements inattendus pour Buck.
Elke uur het nuwe skokke en onverwagte veranderinge vir Buck gebring.

Il avait été arraché à la civilisation et jeté dans un chaos sauvage.
Hy is uit die beskawing geruk en in wilde chaos gedompel.

Ce n'était pas une vie ensoleillée et paresseuse, faite d'ennui et de repos.
Dit was geen sonnige, lui lewe met verveeldheid en rus nie.

Il n'y avait pas de paix, pas de repos, et pas un instant sans danger.
Daar was geen vrede, geen rus en geen oomblik sonder gevaar nie.

La confusion régnait sur tout et le danger était toujours proche.
Verwarring het alles oorheers, en gevaar was altyd naby.

Buck devait rester vigilant car ces hommes et ces chiens étaient différents.
Buck moes waaksaam bly, want hierdie mans en honde was anders.

Ils n'étaient pas originaires des villes ; ils étaient sauvages et sans pitié.
Hulle was nie van dorpe afkomstig nie; hulle was wild en sonder genade.

Ces hommes et ces chiens ne connaissaient que la loi du gourdin et des crocs.
Hierdie mans en honde het net die wet van knuppel en slagtand geken.

Buck n'avait jamais vu de chiens se battre comme ces huskies sauvages.
Buck het nog nooit honde soos hierdie wrede huskies sien baklei nie.

Sa première expérience lui a appris une leçon qu'il n'oublierait jamais.
Sy eerste ervaring het hom 'n les geleer wat hy nooit sou vergeet nie.

Il a eu de la chance que ce ne soit pas lui, sinon il serait mort aussi.
Hy was gelukkig dat dit nie hy was nie, anders sou hy ook gesterf het.

Curly était celui qui souffrait tandis que Buck regardait et apprenait.
Krulletjie was die een wat gely het terwyl Buck gekyk en geleer het.

Ils avaient installé leur campement près d'un magasin construit en rondins.
Hulle het kamp opgeslaan naby 'n winkel wat van houtblokke gebou is.

Curly a essayé d'être amical avec un grand husky ressemblant à un loup.
Krulletjie het probeer om vriendelik te wees teenoor 'n groot, wolfagtige husky.

Le husky était plus petit que Curly, mais avait l'air sauvage et méchant.
Die husky was kleiner as Curly, maar het wild en gemeen gelyk.

Sans prévenir, il a sauté et lui a ouvert le visage.
Sonder waarskuwing het hy opgespring en haar gesig oopgesny.

Ses dents lui coupèrent l'œil jusqu'à sa mâchoire en un seul mouvement.
Sy tande sny in een beweging van haar oog tot by haar kakebeen.

C'est ainsi que les loups se battaient : ils frappaient vite et sautaient loin.

Só het wolwe geveg—vinnig geslaan en weggespring.

Mais il y avait plus à apprendre que de cette seule attaque.

Maar daar was meer om te leer as net uit daardie een aanval.

Des dizaines de huskies se sont précipités et ont formé un cercle silencieux.

Dosyne husky's het ingestorm en 'n stil sirkel gemaak.

Ils regardaient attentivement et se léchaient les lèvres avec faim.

Hulle het stip dopgehou en hulle lippe van honger afgelek.

Buck ne comprenait pas leur silence ni leurs regards avides.

Buck het nie hulle stilte of hulle gretige oë verstaan nie.

Curly s'est précipité pour attaquer le husky une deuxième fois.

Krulletjie het gehardloop om die husky 'n tweede keer aan te val.

Il a utilisé sa poitrine pour la renverser avec un mouvement puissant.

Hy het sy bors gebruik om haar met 'n kragtige beweging om te gooi.

Elle est tombée sur le côté et n'a pas pu se relever.

Sy het op haar sy geval en kon nie weer opstaan nie.

C'est ce que les autres attendaient depuis le début.

Dit was waarvoor die ander heeltyd gewag het.

Les huskies ont sauté sur elle, hurlant et grognant avec frénésie.

Die huskies het op haar gespring, gillend en grommend in 'n waansin.

Elle a crié alors qu'ils l'enterraient sous un tas de chiens.

Sy het geskree terwyl hulle haar onder 'n hoop honde begrawe het.

L'attaque fut si rapide que Buck resta figé sur place sous le choc.

Die aanval was so vinnig dat Buck van skok in plek gevries het.

Il vit Spitz tirer la langue d'une manière qui ressemblait à un rire.

Hy het gesien hoe Spitz sy tong uitsteek op 'n manier wat soos 'n lag gelyk het.
François a attrapé une hache et a couru droit vers le groupe de chiens.
François het 'n byl gegryp en reguit in die groep honde ingehardloop.
Trois autres hommes ont utilisé des gourdins pour aider à repousser les huskies.
Drie ander mans het knuppels gebruik om die huskies weg te slaan.
En seulement deux minutes, le combat était terminé et les chiens avaient disparu.
Binne net twee minute was die geveg verby en die honde was weg.
Curly gisait morte dans la neige rouge et piétinée, son corps déchiré.
Krulletjie het dood in die rooi, vertrapte sneeu gelê, haar liggaam uitmekaar geskeur.
Un homme à la peau sombre se tenait au-dessus d'elle, maudissant la scène brutale.
'n Donkervellige man het oor haar gestaan en die wrede toneel vervloek.
Le souvenir est resté avec Buck et a hanté ses rêves la nuit.
Die herinnering het by Buck gebly en sy drome snags agtervolg.
C'était comme ça ici : pas d'équité, pas de seconde chance.
Dit was die manier hier; geen regverdigheid, geen tweede kans nie.
Une fois qu'un chien tombait, les autres le tuaient sans pitié.
Sodra 'n hond geval het, sou die ander sonder genade doodmaak.
Buck décida alors qu'il ne se permettrait jamais de tomber.
Buck het toe besluit dat hy homself nooit sou toelaat om te val nie.
Spitz tira à nouveau la langue et rit du sang.
Spitz het weer sy tong uitgesteek en vir die bloed gelag.

À partir de ce moment-là, Buck détesta Spitz de tout son cœur.
Van daardie oomblik af het Buck Spitz met sy hele hart gehaat.

Avant que Buck ne puisse se remettre de la mort de Curly, quelque chose de nouveau s'est produit.
Voordat Buck van Curly se dood kon herstel, het iets nuuts gebeur.
François s'est approché et a attaché quelque chose autour du corps de Buck.
François het nader gekom en iets om Buck se lyf vasgemaak.
C'était un harnais comme ceux utilisés sur les chevaux du ranch.
Dit was 'n harnas soos dié wat op perde op die plaas gebruik word.
Comme Buck avait vu les chevaux travailler, il devait maintenant travailler aussi.
Soos Buck perde sien werk het, moes hy nou ook werk.
Il a dû tirer François sur un traîneau dans la forêt voisine.
Hy moes François op 'n slee die nabygeleë woud insleep.
Il a ensuite dû ramener une lourde charge de bois de chauffage.
Toe moes hy 'n vrag swaar brandhout terugtrek.
Buck était fier, donc cela lui faisait mal d'être traité comme un animal de travail.
Buck was trots, so dit het hom seergemaak om soos 'n werkdier behandel te word.
Mais il était sage et n'a pas essayé de lutter contre la nouvelle situation.
Maar hy was wys en het nie probeer om die nuwe situasie te beveg nie.
Il a accepté sa nouvelle vie et a donné le meilleur de lui-même dans chaque tâche.
Hy het sy nuwe lewe aanvaar en sy beste in elke taak gegee.
Tout ce qui concernait ce travail lui était étrange et inconnu.
Alles omtrent die werk was vir hom vreemd en onbekend.
François était strict et exigeait l'obéissance sans délai.

François was streng en het sonder versuim gehoorsaamheid geëis.
Son fouet garantissait que chaque ordre soit exécuté immédiatement.
Sy sweep het verseker dat elke bevel gelyktydig gevolg is.
Dave était le conducteur du traîneau, le chien le plus proche du traîneau derrière Buck.
Dave was die wielbestuurder, die hond naaste aan die slee agter Buck.
Dave mordait Buck sur les pattes arrière s'il faisait une erreur.
Dave het Buck aan die agterpote gebyt as hy 'n fout gemaak het.
Spitz était le chien de tête, compétent et expérimenté dans ce rôle.
Spitz was die leidhond, bekwaam en ervare in die rol.
Spitz ne pouvait pas atteindre Buck facilement, mais il le corrigea quand même.
Spitz kon Buck nie maklik bereik nie, maar het hom steeds reggehelp.
Il grognait durement ou tirait le traîneau d'une manière qui enseignait à Buck.
Hy het hard gegrom of die slee getrek op maniere wat Buck geleer het.
Grâce à cette formation, Buck a appris plus vite que ce qu'ils avaient imaginé.
Onder hierdie opleiding het Buck vinniger geleer as wat enigeen van hulle verwag het.
Il a travaillé dur et a appris de François et des autres chiens.
Hy het hard gewerk en by beide François en die ander honde geleer.
À leur retour, Buck connaissait déjà les commandes clés.
Teen die tyd dat hulle teruggekeer het, het Buck reeds die sleutelbevele geken.
Il a appris à s'arrêter au son « ho » de François.
Hy het geleer om te stop by die klank van "ho" van François.
Il a appris quand il a dû tirer le traîneau et courir.

Hy het geleer wanneer hy die slee moes trek en hardloop.
Il a appris à tourner largement dans les virages du sentier sans difficulté.
Hy het geleer om sonder probleme wyd te draai by draaie in die roete.
Il a également appris à éviter Dave lorsque le traîneau descendait rapidement.
Hy het ook geleer om Dave te vermy wanneer die slee vinnig afdraand gegaan het.
« Ce sont de très bons chiens », dit fièrement François à Perrault.
"Hulle is baie goeie honde," het François trots vir Perrault gesê.
« Ce Buck tire comme un dingue, je lui apprends vite fait. »
"Daardie Buck trek soos die hel—ek leer hom so vinnig as enigiets."

Plus tard dans la journée, Perrault est revenu avec deux autres chiens husky.
Later daardie dag het Perrault teruggekom met nog twee husky honde.
Ils s'appelaient Billee et Joe, et ils étaient frères.
Hulle name was Billee en Joe, en hulle was broers.
Ils venaient de la même mère, mais ne se ressemblaient pas du tout.
Hulle het van dieselfde moeder gekom, maar was glad nie eenders nie.
Billee était de nature douce et très amicale avec tout le monde.
Billee was goedhartig en te vriendelik met almal.
Joe était tout le contraire : calme, en colère et toujours en train de grogner.
Joe was die teenoorgestelde—stil, kwaad en altyd grommend.
Buck les a accueillis de manière amicale et s'est montré calme avec eux deux.
Buck het hulle vriendelik gegroet en was kalm met albei.

Dave ne leur prêta aucune attention et resta silencieux comme d'habitude.
Dave het geen aandag aan hulle geskenk nie en soos gewoonlik stilgebly.
Spitz a attaqué d'abord Billee, puis Joe, pour montrer sa domination.
Spitz het eers Billee, toe Joe, aangeval om sy oorheersing te toon.
Billee remua la queue et essaya d'être amical avec Spitz.
Billee het sy stert geswaai en probeer om vriendelik teenoor Spitz te wees.
Lorsque cela n'a pas fonctionné, il a essayé de s'enfuir à la place.
Toe dit nie werk nie, het hy eerder probeer weghardloop.
Il a pleuré tristement lorsque Spitz l'a mordu fort sur le côté.
Hy het hartseer gehuil toe Spitz hom hard aan die sy gebyt het.
Mais Joe était très différent et refusait d'être intimidé.
Maar Joe was baie anders en het geweier om geboelie te word.
Chaque fois que Spitz s'approchait, Joe se retournait pour lui faire face rapidement.
Elke keer as Spitz naby gekom het, het Joe vinnig omgedraai om hom in die gesig te staar.
Sa fourrure se hérissa, ses lèvres se retroussèrent et ses dents claquèrent sauvagement.
Sy pels het geborsel, sy lippe het gekrul, en sy tande het wild geknap.
Les yeux de Joe brillaient de peur et de rage, défiant Spitz de frapper.
Joe se oë het geglans van vrees en woede en Spitz uitgedaag om toe te slaan.
Spitz abandonna le combat et se détourna, humilié et en colère.
Spitz het die geveg opgegee en weggedraai, verneder en kwaad.
Il a déversé sa frustration sur le pauvre Billee et l'a chassé.

Hy het sy frustrasie op arme Billee uitgehaal en hom weggejaag.

Ce soir-là, Perrault ajouta un chien de plus à l'équipe.
Daardie aand het Perrault nog 'n hond by die span gevoeg.

Ce chien était vieux, maigre et couvert de cicatrices de guerre.
Hierdie hond was oud, maer en bedek met oorlogslittekens.

L'un de ses yeux manquait, mais l'autre brillait de puissance.
Een van sy oë was afwesig, maar die ander een het met krag geflits.

Le nom du nouveau chien était Solleks, ce qui signifiait « celui qui est en colère ».
Die nuwe hond se naam was Solleks, wat die Kwaai Een beteken het.

Comme Dave, Solleks ne demandait rien aux autres et ne donnait rien en retour.
Soos Dave, het Solleks niks van ander gevra nie, en niks teruggegee nie.

Lorsque Solleks entra lentement dans le camp, même Spitz resta à l'écart.
Toe Solleks stadig die kamp binnestap, het selfs Spitz weggebly.

Il avait une étrange habitude que Buck a eu la malchance de découvrir.
Hy het 'n vreemde gewoonte gehad wat Buck ongelukkig was om te ontdek.

Solleks détestait qu'on l'approche du côté où il était aveugle.
Solleks het dit gehaat om benader te word aan die kant waar hy blind was.

Buck ne le savait pas et a fait cette erreur par accident.
Buck het dit nie geweet nie en het daardie fout per ongeluk gemaak.

Solleks se retourna et frappa l'épaule de Buck profondément et rapidement.
Solleks het omgedraai en Buck se skouer diep en vinnig gesny.

À partir de ce moment, Buck ne s'est plus jamais approché du côté aveugle de Solleks.
Van daardie oomblik af het Buck nooit naby Solleks se blindekant gekom nie.
Ils n'ont plus jamais eu de problèmes pendant le reste de leur temps ensemble.
Hulle het nooit weer probleme gehad vir die res van hul tyd saam nie.
Solleks voulait seulement être laissé seul, comme le calme Dave.
Solleks wou net alleen gelaat word, soos stil Dave.
Mais Buck apprendra plus tard qu'ils avaient chacun un autre objectif secret.
Maar Buck sou later uitvind dat hulle elkeen 'n ander geheime doelwit gehad het.
Cette nuit-là, Buck a dû faire face à un nouveau défi troublant : comment dormir.
Daardie nag het Buck 'n nuwe en ontstellende uitdaging in die gesig gestaar—hoe om te slaap.
La tente brillait chaleureusement à la lumière des bougies dans le champ enneigé.
Die tent het warm gegloei met kerslig in die sneeubedekte veld.
Buck entra, pensant qu'il pourrait se reposer là comme avant.
Buck het binnetoe geloop en gedink hy kon daar rus soos voorheen.
Mais Perrault et François lui criaient dessus et lui jetaient des casseroles.
Maar Perrault en François het na hom geskree en panne gegooi.
Choqué et confus, Buck s'est enfui dans le froid glacial.
Geskok en verward het Buck die ysige koue in gehardloop.
Un vent glacial piquait son épaule blessée et lui gelait les pattes.
'n Bitter wind het sy gewonde skouer gesteek en sy pote gevries.

Il s'est allongé dans la neige et a essayé de dormir à la belle étoile.
Hy het in die sneeu gaan lê en probeer om in die oopte te slaap.
Mais le froid l'obligea bientôt à se relever, tremblant terriblement.
Maar die koue het hom gou gedwing om weer op te staan, terwyl hy erg bewerig was.
Il erra dans le camp, essayant de trouver un endroit plus chaud.
Hy het deur die kamp gedwaal en probeer om 'n warmer plek te vind.
Mais chaque coin était aussi froid que le précédent.
Maar elke hoekie was net so koud soos die vorige een.
Parfois, des chiens sauvages sautaient sur lui dans l'obscurité.
Soms het wilde honde vanuit die donkerte op hom gespring.
Buck hérissa sa fourrure, montra ses dents et grogna en signe d'avertissement.
Buck het sy pels geborsel, sy tande ontbloot en waarskuwend gegrom.
Il apprenait vite et les autres chiens reculaient rapidement.
Hy het vinnig geleer, en die ander honde het vinnig teruggedeins.
Il n'avait toujours pas d'endroit où dormir et ne savait pas quoi faire.
Tog het hy geen plek gehad om te slaap nie, en geen idee wat om te doen nie.
Finalement, une pensée lui vint : aller voir ses coéquipiers.
Uiteindelik het 'n gedagte by hom opgekom—kyk na sy spanmaats.
Il est retourné dans leur région et a été surpris de les trouver partis.
Hy het na hul gebied teruggekeer en was verbaas om te sien dat hulle weg is.
Il chercha à nouveau dans le camp, mais ne parvint toujours pas à les trouver.

Weer het hy die kamp deursoek, maar kon hulle steeds nie vind nie.
Il savait qu'ils ne pouvaient pas être dans la tente, sinon il le serait aussi.
Hy het geweet hulle kon nie in die tent wees nie, anders sou hy ook wees.
Alors, où étaient passés tous les chiens dans ce camp gelé ?
So waarheen het al die honde in hierdie bevrore kamp gegaan?
Buck, froid et misérable, tournait lentement autour de la tente.
Buck, koud en ellendig, het stadig om die tent gesirkel.
Soudain, ses pattes avant s'enfoncèrent dans la neige molle et le surprit.
Skielik het sy voorpote in die sagte sneeu gesink en hom laat skrik.
Quelque chose se tortilla sous ses pieds et il sursauta en arrière, effrayé.
Iets het onder sy voete gewriemel, en hy het van vrees agteroor gespring.
Il grogna et grogna, ne sachant pas ce qui se cachait sous la neige.
Hy het gegrom en gegrom, sonder om te weet wat onder die sneeu lê.
Puis il entendit un petit aboiement amical qui apaisa sa peur.
Toe hoor hy 'n vriendelike klein geblaf wat sy vrees verlig het.
Il renifla l'air et s'approcha pour voir ce qui était caché.
Hy het die lug gesnuif en nader gekom om te sien wat versteek was.
Sous la neige, recroquevillée en boule chaude, se trouvait la petite Billee.
Onder die sneeu, opgerol in 'n warm bal, was klein Billee.
Billee remua la queue et lécha le visage de Buck pour le saluer.
Billee het sy stert geswaai en Buck se gesig gelek om hom te groet.

Buck a vu comment Billee avait fabriqué un endroit pour dormir dans la neige.
Buck het gesien hoe Billee 'n slaapplek in die sneeu gemaak het.
Il avait creusé et utilisé sa propre chaleur pour rester au chaud.
Hy het afgegrawe en sy eie hitte gebruik om warm te bly.
Buck avait appris une autre leçon : c'est ainsi que les chiens dormaient.
Buck het nog 'n les geleer — só het die honde geslaap.
Il a choisi un endroit et a commencé à creuser son propre trou dans la neige.
Hy het 'n plek gekies en sy eie gat in die sneeu begin grawe.
Au début, il bougeait trop et gaspillait de l'énergie.
Aanvanklik het hy te veel rondbeweeg en energie vermors.
Mais bientôt son corps réchauffa l'espace et il se sentit en sécurité.
Maar gou het sy liggaam die ruimte warm gemaak, en hy het veilig gevoel.
Il se recroquevilla étroitement et, peu de temps après, il s'endormit profondément.
Hy het styf opgerol, en kort voor lank was hy vas aan die slaap.
La journée avait été longue et dure, et Buck était épuisé.
Die dag was lank en moeilik, en Buck was uitgeput.
Il dormait profondément et confortablement, même si ses rêves étaient fous.
Hy het diep en gemaklik geslaap, alhoewel sy drome wild was.
Il grognait et aboyait dans son sommeil, se tordant pendant qu'il rêvait.
Hy het in sy slaap gegrom en geblaf, en gedraai terwyl hy gedroom het.

Buck ne s'est réveillé que lorsque le camp était déjà en train de prendre vie.

Buck het nie wakker geword voordat die kamp reeds tot lewe gekom het nie.
Au début, il ne savait pas où il était ni ce qui s'était passé.
Aanvanklik het hy nie geweet waar hy was of wat gebeur het nie.
La neige était tombée pendant la nuit et avait complètement enseveli son corps.
Sneeu het oornag geval en sy liggaam heeltemal begrawe.
La neige se pressait autour de lui, serrée de tous côtés.
Die sneeu het om hom vasgedruk, styf aan alle kante.
Soudain, une vague de peur traversa tout le corps de Buck.
Skielik het 'n vlaag van vrees deur Buck se hele liggaam gejaag.
C'était la peur d'être piégé, une peur venue d'instincts profonds.
Dit was die vrees om vasgevang te word, 'n vrees uit diep instinkte.
Bien qu'il n'ait jamais vu de piège, la peur vivait en lui.
Alhoewel hy nog nooit 'n lokval gesien het nie, het die vrees binne-in hom geleef.
C'était un chien apprivoisé, mais maintenant ses vieux instincts sauvages se réveillaient.
Hy was 'n mak hond, maar nou het sy ou wilde instinkte wakker geword.
Les muscles de Buck se tendirent et sa fourrure se dressa sur tout son dos.
Buck se spiere het gespanne geraak, en sy pels het oor sy hele rug regop gestaan.
Il grogna férocement et bondit droit dans la neige.
Hy het woes gegrom en reguit deur die sneeu gespring.
La neige volait dans toutes les directions alors qu'il faisait irruption dans la lumière du jour.
Sneeu het in alle rigtings gevlieg toe hy in die daglig uitbars.
Avant même d'atterrir, Buck vit le camp s'étendre devant lui.
Selfs voor landing het Buck die kamp voor hom sien uitsprei.
Il se souvenait de tout ce qui s'était passé la veille, d'un seul coup.

Hy het alles van die vorige dag tegelyk onthou.
Il se souvenait d'avoir flâné avec Manuel et d'avoir fini à cet endroit.
Hy het onthou hoe hy saam met Manuel gestap het en op hierdie plek beland het.
Il se souvenait avoir creusé le trou et s'être endormi dans le froid.
Hy het onthou hoe hy die gat gegrawe en in die koue aan die slaap geraak het.
Maintenant, il était réveillé et le monde sauvage qui l'entourait était clair.
Nou was hy wakker, en die wilde wêreld rondom hom was helder.
Un cri de François salua l'apparition soudaine de Buck.
'n Geroep van François het Buck se skielike verskyning begroet.
« Qu'est-ce que j'ai dit ? » cria le conducteur du chien à Perrault.
"Wat het ek gesê?" het die hondebestuurder hard vir Perrault geskree.
« Ce Buck apprend vraiment très vite », a ajouté François.
"Daardie Buck leer verseker so vinnig soos enigiets anders," het François bygevoeg.
Perrault hocha gravement la tête, visiblement satisfait du résultat.
Perrault het ernstig geknik, duidelik tevrede met die resultaat.
En tant que courrier pour le gouvernement canadien, il transportait des dépêches.
As 'n koerier vir die Kanadese regering het hy versendings vervoer.
Il était impatient de trouver les meilleurs chiens pour son importante mission.
Hy was gretig om die beste honde vir sy belangrike sending te vind.
Il se sentait particulièrement heureux maintenant que Buck faisait partie de l'équipe.
Hy was veral bly nou dat Buck deel van die span was.

Trois autres huskies ont été ajoutés à l'équipe en une heure.
Drie verdere huskies is binne 'n uur by die span gevoeg.
Cela porte le nombre total de chiens dans l'équipe à neuf.
Dit het die totale aantal honde in die span op nege te staan gebring.
En quinze minutes, tous les chiens étaient dans leurs harnais.
Binne vyftien minute was al die honde in hul harnasse.
L'équipe de traîneaux remontait le sentier en direction du canyon de Dyea.
Die sleespan het die paadjie opgeswaai in die rigting van Dyea Cañon.
Buck était heureux de partir, même si le travail à venir était difficile.
Buck was bly om te vertrek, selfs al was die werk wat voorlê moeilik.
Il s'est rendu compte qu'il ne détestait pas particulièrement le travail ou le froid.
Hy het gevind dat hy die arbeid of die koue nie besonder verag het nie.
Il a été surpris par l'empressement qui a rempli toute l'équipe.
Hy was verbaas deur die gretigheid wat die hele span gevul het.
Encore plus surprenant fut le changement qui s'était produit chez Dave et Solleks.
Nog meer verrassend was die verandering wat oor Dave en Solleks gekom het.
Ces deux chiens étaient complètement différents lorsqu'ils étaient attelés.
Hierdie twee honde was heeltemal verskillend toe hulle getuig was.
Leur passivité et leur manque d'intérêt avaient complètement disparu.
Hul passiwiteit en gebrek aan besorgdheid het heeltemal verdwyn.

Ils étaient alertes et actifs, et désireux de bien faire leur travail.
Hulle was wakker en aktief, en gretig om hul werk goed te doen.

Ils s'irritaient violemment à tout ce qui pouvait provoquer un retard ou une confusion.
Hulle het hewig geïrriteerd geraak oor enigiets wat vertraging of verwarring veroorsaak het.

Le travail acharné sur les rênes était le centre de tout leur être.
Die harde werk aan die teuels was die middelpunt van hulle hele wese.

Tirer un traîneau semblait être la seule chose qu'ils appréciaient vraiment.
Slee trek was blykbaar die enigste ding wat hulle werklik geniet het.

Dave était à l'arrière du groupe, le plus proche du traîneau lui-même.
Dave was agter in die groep, naaste aan die slee self.

Buck a été placé devant Dave, et Solleks a dépassé Buck.
Buck is voor Dave geplaas, en Solleks het voor Buck getrek.

Le reste des chiens était aligné devant eux en file indienne.
Die res van die honde was in 'n enkele ry vooruit uitgespan.

La position de tête à l'avant était occupée par Spitz.
Die voorste posisie aan die voorpunt is deur Spitz gevul.

Buck avait été placé entre Dave et Solleks pour l'instruction.
Buck is tussen Dave en Solleks geplaas vir instruksie.

Il apprenait vite et ils étaient des professeurs fermes et compétents.
Hy was 'n vinnige leerder, en hulle was ferm en bekwame onderwysers.

Ils n'ont jamais permis à Buck de rester longtemps dans l'erreur.
Hulle het Buck nooit lank in die foute laat bly nie.

Ils ont enseigné leurs leçons avec des dents acérées quand c'était nécessaire.
Hulle het hul lesse met skerp tande geleer wanneer nodig.

Dave était juste et faisait preuve d'une sagesse calme et sérieuse.
Dave was regverdig en het 'n stil, ernstige soort wysheid getoon.
Il n'a jamais mordu Buck sans une bonne raison de le faire.
Hy het Buck nooit gebyt sonder 'n goeie rede daarvoor nie.
Mais il n'a jamais manqué de mordre lorsque Buck avait besoin d'être corrigé.
Maar hy het nooit versuim om te byt wanneer Buck regstelling nodig gehad het nie.
Le fouet de François était toujours prêt et soutenait leur autorité.
François se sweep was altyd gereed en het hul gesag ondersteun.
Buck a vite compris qu'il valait mieux obéir que riposter.
Buck het gou gevind dat dit beter was om te gehoorsaam as om terug te veg.
Un jour, lors d'un court repos, Buck s'est emmêlé dans les rênes.
Eenkeer, tydens 'n kort ruskans, het Buck in die teuels verstrengel geraak.
Il a retardé le départ et a perturbé le mouvement de l'équipe.
Hy het die begin vertraag en die span se beweging verwar.
Dave et Solleks se sont jetés sur lui et lui ont donné une raclée.
Dave en Solleks het op hom afgestorm en hom 'n growwe pak slae gegee.
L'enchevêtrement n'a fait qu'empirer, mais Buck a bien appris sa leçon.
Die deurmekaarspul het net erger geword, maar Buck het sy les goed geleer.
Dès lors, il garda les rênes tendues et travailla avec soin.
Van toe af het hy die leisels styf gehou en versigtig gewerk.
Avant la fin de la journée, Buck avait maîtrisé une grande partie de sa tâche.
Voor die einde van die dag het Buck baie van sy taak bemeester.

Ses coéquipiers ont presque arrêté de le corriger ou de le mordre.
Sy spanmaats het amper opgehou om hom te korrigeer of te byt.
Le fouet de François claquait de moins en moins souvent dans l'air.
François se sweep het al hoe minder gereeld deur die lug gekraak.
Perrault a même soulevé les pieds de Buck et a soigneusement examiné chaque patte.
Perrault het selfs Buck se voete opgelig en elke poot noukeurig ondersoek.
Cela avait été une journée de course difficile, longue et épuisante pour eux tous.
Dit was 'n harde dag se hardloop, lank en uitputtend vir hulle almal.
Ils remontèrent le Cañon, traversèrent Sheep Camp et passèrent devant les Scales.
Hulle het met die Cañon opgereis, deur Skaapkamp en verby die Skale.
Ils ont traversé la limite des forêts, puis des glaciers et des congères de plusieurs mètres de profondeur.
Hulle het die houtgrens oorgesteek, toe gletsers en sneeudrifte baie voet diep.
Ils ont escaladé la grande et froide chaîne de montagnes Chilkoot Divide.
Hulle het die groot koue en verskriklike Chilkoot-kloof geklim.
Cette haute crête se dressait entre l'eau salée et l'intérieur gelé.
Daardie hoë rant het tussen soutwater en die bevrore binneland gestaan.
Les montagnes protégeaient le Nord triste et solitaire avec de la glace et des montées abruptes.
Die berge het die droewige en eensame Noorde met ys en steil klimme bewaak.

Ils ont parcouru à bon rythme une longue chaîne de lacs en aval de la ligne de partage des eaux.
Hulle het goeie tyd gemaak deur 'n lang ketting mere onder die kloof.
Ces lacs remplissaient les anciens cratères de volcans éteints.
Daardie mere het die antieke kraters van uitgedoofde vulkane gevul.
Tard dans la nuit, ils atteignirent un grand camp au bord du lac Bennett.
Laat daardie nag het hulle 'n groot kamp by Lake Bennett bereik.
Des milliers de chercheurs d'or étaient là, construisant des bateaux pour le printemps.
Duisende goudsoekers was daar, besig om bote vir die lente te bou.
La glace allait bientôt se briser et ils devaient être prêts.
Die ys sou binnekort opbreek, en hulle moes gereed wees.
Buck creusa son trou dans la neige et tomba dans un profond sommeil.
Buck het sy gat in die sneeu gegrawe en in 'n diep slaap geval.
Il dormait comme un ouvrier, épuisé par une dure journée de travail.
Hy het geslaap soos 'n werkende man, uitgeput van die strawwe dag van swoeg.
Mais trop tôt dans l'obscurité, il fut tiré de son sommeil.
Maar te vroeg in die donkerte is hy uit die slaap gesleep.
Il fut à nouveau attelé avec ses compagnons et attaché au traîneau.
Hy is weer saam met sy maats vasgespan en aan die slee vasgemaak.
Ce jour-là, ils ont parcouru quarante milles, car la neige était bien battue.
Daardie dag het hulle veertig myl afgelê, want die sneeu was goed getrap.
Le lendemain, et pendant plusieurs jours après, la neige était molle.
Die volgende dag, en vir baie dae daarna, was die sneeu sag.

Ils ont dû faire le chemin eux-mêmes, en travaillant plus dur et en avançant plus lentement.
Hulle moes self die pad maak, harder werk en stadiger beweeg.
Habituellement, Perrault marchait devant l'équipe avec des raquettes palmées.
Gewoonlik het Perrault voor die span geloop met sneeuskoene met webbe.
Ses pas ont compacté la neige, facilitant ainsi le déplacement du traîneau.
Sy treë het die sneeu vasgepak, wat dit vir die slee makliker gemaak het om te beweeg.
François, qui dirigeait depuis le mât, prenait parfois le relais.
François, wat van die gee-paal af gestuur het, het soms oorgeneem.
Mais il était rare que François prenne les devants
Maar dit was seldsaam dat François die leiding geneem het
parce que Perrault était pressé de livrer les lettres et les colis.
omdat Perrault haastig was om die briewe en pakkies af te lewer.
Perrault était fier de sa connaissance de la neige, et surtout de la glace.
Perrault was trots op sy kennis van sneeu, en veral ys.
Cette connaissance était essentielle, car la glace d'automne était dangereusement mince.
Daardie kennis was noodsaaklik, want herfsys was gevaarlik dun.
Là où l'eau coulait rapidement sous la surface, il n'y avait pas du tout de glace.
Waar water vinnig onder die oppervlak gevloei het, was daar glad nie ys nie.

Jour après jour, la même routine se répétait sans fin.
Dag na dag, dieselfde roetine herhaal sonder einde.
Buck travaillait sans relâche sur les rênes, de l'aube jusqu'à la nuit.

Buck het eindeloos in die leisels geswoeg van dagbreek tot nag.

Ils quittèrent le camp dans l'obscurité, bien avant le lever du soleil.

Hulle het die kamp in die donker verlaat, lank voor die son opgekom het.

Au moment où le jour se leva, ils avaient déjà parcouru de nombreux kilomètres.

Teen die tyd dat daglig aangebreek het, was baie kilometers reeds agter hulle.

Ils ont installé leur campement après la tombée de la nuit, mangeant du poisson et creusant dans la neige.

Hulle het ná donker kamp opgeslaan, vis geëet en in die sneeu gegrawe.

Buck avait toujours faim et n'était jamais vraiment satisfait de sa ration.

Buck was altyd honger en nooit werklik tevrede met sy rantsoen nie.

Il recevait une livre et demie de saumon séché chaque jour.

Hy het elke dag 'n pond en 'n half gedroogde salm ontvang.

Mais la nourriture semblait disparaître en lui, laissant la faim derrière elle.

Maar die kos het binne-in hom verdwyn en die honger agtergelaat.

Il souffrait constamment de la faim et rêvait de plus de nourriture.

Hy het aan voortdurende hongerpyne gely en van meer kos gedroom.

Les autres chiens n'ont pris qu'une livre, mais ils sont restés forts.

Die ander honde het net een pond kos gekry, maar hulle het sterk gebly.

Ils étaient plus petits et étaient nés dans le mode de vie du Nord.

Hulle was kleiner, en was in die noordelike lewe gebore.

Il perdit rapidement la méticulosité qui avait marqué son ancienne vie.

Hy het vinnig die noukeurigheid verloor wat sy ou lewe gekenmerk het.

Il avait été un mangeur délicat, mais maintenant ce n'était plus possible.

Hy was 'n fyn eter, maar nou was dit nie meer moontlik nie.

Ses camarades ont terminé premiers et lui ont volé sa ration inachevée.

Sy maats het eerste klaargemaak en hom van sy onvoltooide rantsoen beroof.

Une fois qu'ils ont commencé, il n'y avait aucun moyen de défendre sa nourriture contre eux.

Toe hulle eers begin het, was daar geen manier om sy kos teen hulle te verdedig nie.

Pendant qu'il combattait deux ou trois chiens, les autres volaient le reste.

Terwyl hy twee of drie honde afgeweer het, het die ander die res gesteel.

Pour résoudre ce problème, il a commencé à manger aussi vite que les autres.

Om dit reg te stel, het hy so vinnig begin eet soos die ander geëet het.

La faim le poussait tellement qu'il prenait même de la nourriture qui n'était pas la sienne.

Honger het hom so gedryf dat hy selfs kos geneem het wat nie sy eie was nie.

Il observait les autres et apprenait rapidement de leurs actions.

Hy het die ander dopgehou en vinnig uit hul optrede geleer.

Il a vu Pike, un nouveau chien, voler une tranche de bacon à Perrault.

Hy het gesien hoe Pike, 'n nuwe hond, 'n sny spek van Perrault steel.

Pike avait attendu que Perrault ait le dos tourné pour voler le bacon.

Pike het gewag totdat Perrault se rug gedraai is om die spek te steel.

Le lendemain, Buck a copié Pike et a volé tout le morceau.

Die volgende dag het Buck Pike nageboots en die hele stuk gesteel.
Un grand tumulte s'ensuivit, mais Buck ne fut pas suspecté.
'n Groot oproer het gevolg, maar Buck is nie verdink nie.
Dub, un chien maladroit qui se faisait toujours prendre, a été puni à la place.
Dub, 'n lomp hond wat altyd gevang is, is eerder gestraf.
Ce premier vol a fait de Buck un chien apte à survivre dans le Nord.
Daardie eerste diefstal het Buck gemerk as 'n hond wat geskik is om die Noorde te oorleef.
Il a montré qu'il pouvait s'adapter à de nouvelles conditions et apprendre rapidement.
Hy het gewys dat hy by nuwe omstandighede kan aanpas en vinnig kan leer.
Sans une telle adaptabilité, il serait mort rapidement et gravement.
Sonder sulke aanpasbaarheid sou hy vinnig en sleg gesterf het.
Cela a également marqué l'effondrement de sa nature morale et de ses valeurs passées.
Dit het ook die ineenstorting van sy morele aard en vorige waardes gemerk.
Dans le Southland, il avait vécu sous la loi de l'amour et de la bonté.
In die Suidland het hy onder die wet van liefde en vriendelikheid geleef.
Là, il était logique de respecter la propriété et les sentiments des autres chiens.
Daar het dit sin gemaak om eiendom en ander honde se gevoelens te respekteer.
Mais le Northland suivait la loi du club et la loi du croc.
Maar die Noordland het die wet van die knuppel en die wet van die slagtand gevolg.
Quiconque respectait les anciennes valeurs ici était stupide et échouerait.
Wie ook al ou waardes hier gerespekteer het, was dwaas en sou misluk.

Buck n'a pas réfléchi à tout cela dans son esprit.
Buck het dit alles nie in sy gedagtes uitgeredeneer nie.

Il était en forme et s'est donc adapté sans avoir besoin de réfléchir.
Hy was fiks, en daarom het hy aangepas sonder om te hoef te dink.

De toute sa vie, il n'avait jamais fui un combat.
Sy hele lewe lank het hy nog nooit van 'n geveg weggehardloop nie.

Mais la massue en bois de l'homme au pull rouge a changé cette règle.
Maar die houtknuppel van die man in die rooi trui het daardie reël verander.

Il suivait désormais un code plus profond et plus ancien, inscrit dans son être.
Nou het hy 'n dieper, ouer kode gevolg wat in sy wese geskryf was.

Il ne volait pas par plaisir, mais par faim.
Hy het nie uit plesier gesteel nie, maar uit die pyn van die honger.

Il n'a jamais volé ouvertement, mais il a volé avec ruse et prudence.
Hy het nooit openlik beroof nie, maar met slinksheid en sorg gesteel.

Il a agi par respect pour la massue en bois et par peur du croc.
Hy het opgetree uit respek vir die houtknuppel en vrees vir die slagtand.

En bref, il a fait ce qui était plus facile et plus sûr que de ne pas le faire.
Kortom, hy het gedoen wat makliker en veiliger was as om dit nie te doen nie.

Son développement – ou peut-être son retour à ses anciens instincts – fut rapide.
Sy ontwikkeling—of miskien sy terugkeer na ou instinkte—was vinnig.

Ses muscles se durcirent jusqu'à devenir aussi forts que du fer.
Sy spiere het verhard totdat hulle so sterk soos yster gevoel het.
Il ne se souciait plus de la douleur, à moins qu'elle ne soit grave.
Hy het nie meer omgegee vir pyn nie, tensy dit ernstig was.
Il est devenu efficace à l'intérieur comme à l'extérieur, ne gaspillant rien du tout.
Hy het van binne en van buite doeltreffend geword en glad niks vermors nie.
Il pouvait manger des choses viles, pourries ou difficiles à digérer.
Hy kon dinge eet wat afstootlik, vrot of moeilik verteerbaar was.
Quoi qu'il mange, son estomac utilisait jusqu'au dernier morceau de valeur.
Wat hy ook al geëet het, sy maag het elke laaste bietjie waarde gebruik.
Son sang transportait les nutriments loin dans son corps puissant.
Sy bloed het die voedingstowwe ver deur sy kragtige liggaam gedra.
Cela a créé des tissus solides qui lui ont donné une endurance incroyable.
Dit het sterk weefsel gebou wat hom ongelooflike uithouvermoë gegee het.
Sa vue et son odorat sont devenus beaucoup plus sensibles qu'avant.
Sy sig en reuk het baie meer sensitief geword as voorheen.
Son ouïe est devenue si fine qu'il pouvait détecter des sons faibles pendant son sommeil.
Sy gehoor het so skerp geword dat hy dowwe geluide in sy slaap kon opspoor.
Il savait dans ses rêves si les sons signifiaient sécurité ou danger.

Hy het in sy drome geweet of die geluide veiligheid of gevaar beteken het.

Il a appris à mordre la glace entre ses orteils avec ses dents.
Hy het geleer om die ys tussen sy tone met sy tande te byt.

Si un point d'eau gelait, il brisait la glace avec ses jambes.
As 'n watergat toevries, sou hy die ys met sy bene breek.

Il se cabra et frappa violemment la glace avec ses membres antérieurs raides.
Hy het orent gekom en die ys hard met stywe voorpote geslaan.

Sa capacité la plus frappante était de prédire les changements de vent pendant la nuit.
Sy mees opvallende vermoë was om windveranderinge oornag te voorspel.

Même lorsque l'air était calme, il choisissait des endroits abrités du vent.
Selfs toe die lug stil was, het hy plekke gekies wat teen die wind beskut was.

Partout où il creusait son nid, le vent du lendemain le passait à côté de lui.
Waar hy ook al sy nes gegrawe het, het die volgende dag se wind hom verbygewaai.

Il finissait toujours par se blottir et se protéger, sous le vent.
Hy het altyd knus en beskermd geëindig, aan die lykkant van die briesie.

Buck n'a pas seulement appris par l'expérience : son instinct est également revenu.
Buck het nie net deur ondervinding geleer nie — sy instinkte het ook teruggekeer.

Les habitudes des générations domestiquées ont commencé à disparaître.
Die gewoontes van makgemaakte geslagte het begin wegval.

De manière vague, il se souvenait des temps anciens de sa race.
Op vae maniere het hy die antieke tye van sy ras onthou.

Il repensa à l'époque où les chiens sauvages couraient en meute dans les forêts.

Hy het teruggedink aan toe wildehonde in troppe deur woude gehardloop het.
Ils avaient poursuivi et tué leur proie en la poursuivant.
Hulle het hul prooi gejaag en doodgemaak terwyl hulle dit afgejaag het.
Il était facile pour Buck d'apprendre à se battre avec force et rapidité.
Dit was maklik vir Buck om te leer hoe om met tand en spoed te veg.
Il utilisait des coupures, des entailles et des coups rapides, tout comme ses ancêtres.
Hy het snye, houe en vinnige knape gebruik, net soos sy voorouers.
Ces ancêtres se sont réveillés en lui et ont réveillé sa nature sauvage.
Daardie voorouers het in hom geroer en sy wilde natuur wakker gemaak.
Leurs anciennes compétences lui avaient été transmises par le sang.
Hul ou vaardighede het deur die bloedlyn in hom oorgedra.
Leurs tours étaient désormais à lui, sans besoin de pratique ni d'effort.
Hul truuks was nou syne, sonder enige oefening of moeite.

Lors des nuits calmes et froides, Buck levait le nez et hurlait.
Op stil, koue nagte het Buck sy neus opgelig en gehuil.
Il hurla longuement et profondément, comme le faisaient les loups autrefois.
Hy het lank en diep gehuil, soos wolwe lank gelede gedoen het.
À travers lui, ses ancêtres morts pointaient leur nez et hurlaient.
Deur hom het sy oorlede voorouers hul neuse gewys en gehuil.
Ils ont hurlé à travers les siècles avec sa voix et sa forme.
Hulle het deur die eeue heen gehuil in sy stem en gedaante.

Ses cadences étaient les leurs, de vieux cris qui parlaient de chagrin et de froid.
Sy kadense was hulle s'n, ou uitroepe wat van hartseer en koue vertel het.
Ils chantaient l'obscurité, la faim et le sens de l'hiver.
Hulle het gesing van duisternis, van honger en die betekenis van die winter.
Buck a prouvé que la vie est façonnée par des forces qui nous dépassent.
Buck het bewys hoe die lewe gevorm word deur kragte buite jouself,
L'ancienne chanson s'éleva à travers Buck et s'empara de son âme.
die antieke lied het deur Buck opgestaan en sy siel beetgepak.
Il s'est retrouvé parce que les hommes avaient trouvé de l'or dans le Nord.
Hy het homself gevind omdat mans goud in die Noorde gevind het.
Et il s'est retrouvé parce que Manuel, l'aide du jardinier, avait besoin d'argent.
En hy het homself bevind omdat Manuel, die tuinier se helper, geld nodig gehad het.

La Bête Primordiale Dominante
Die Dominante Oerdier

La bête primordiale dominante était aussi forte que jamais en Buck.
Die dominante oerbeest was so sterk soos altyd in Buck.
Mais la bête primordiale dominante sommeillait en lui.
Maar die dominante oerdier het dormant in hom gelê.
La vie sur le sentier était dure, mais elle renforçait la bête qui sommeillait en Buck.
Die lewe op die roete was hard, maar dit het die dier binne Buck versterk.
Secrètement, la bête devenait de plus en plus forte chaque jour.
In die geheim het die dier elke dag sterker en sterker geword.
Mais cette croissance intérieure est restée cachée au monde extérieur.
Maar daardie innerlike groei het vir die buitewêreld verborge gebly.
Une force primordiale, calme et tranquille, se construisait à l'intérieur de Buck.
'n Stil en kalm oerkrag was besig om binne-in Buck op te bou.
Une nouvelle ruse a donné à Buck l'équilibre, le calme, le contrôle et l'équilibre.
Nuwe listigheid het Buck balans, kalmte en beheersing gegee.
Buck s'est concentré sur son adaptation, sans jamais se sentir complètement détendu.
Buck het hard gefokus op aanpassing, en het nooit heeltemal ontspanne gevoel nie.
Il évitait les conflits, ne déclenchait jamais de bagarres et ne cherchait jamais les ennuis.
Hy het konflik vermy, nooit bakleiery begin of moeilikheid gesoek nie.
Une réflexion lente et constante façonnait chaque mouvement de Buck.
'n Stadige, bestendige bedagsaamheid het Buck se elke beweging gevorm.

Il évitait les choix irréfléchis et les décisions soudaines et imprudentes.
Hy het oorhaastige keuses en skielike, roekelose besluite vermy.
Bien que Buck détestait profondément Spitz, il ne lui montrait aucune agressivité.
Alhoewel Buck Spitz diep gehaat het, het hy hom geen aggressie getoon nie.
Buck n'a jamais provoqué Spitz et a gardé ses actions contenues.
Buck het Spitz nooit uitgelok nie, en het sy optrede beheersd gehou.
Spitz, de son côté, sentait le danger grandissant chez Buck.
Spitz, aan die ander kant, het die groeiende gevaar in Buck aangevoel.
Il considérait Buck comme une menace et un sérieux défi à son pouvoir.
Hy het Buck as 'n bedreiging en 'n ernstige uitdaging vir sy mag beskou.
Il profitait de chaque occasion pour grogner et montrer ses dents acérées.
Hy het elke kans gebruik om te grom en sy skerp tande te wys.
Il essayait de déclencher le combat mortel qui devait avoir lieu.
Hy het probeer om die dodelike geveg te begin wat moes kom.
Au début du voyage, une bagarre a failli éclater entre eux.
Vroeg in die reis het 'n geveg amper tussen hulle uitgebreek.
Mais un accident inattendu a empêché le combat d'avoir lieu.
Maar 'n onverwagte ongeluk het die geveg verhoed.
Ce soir-là, ils installèrent leur campement sur le lac Le Barge, extrêmement froid.
Daardie aand het hulle kamp opgeslaan by die bitterkoue Lake Le Barge.
La neige tombait fort et le vent soufflait comme un couteau.
Die sneeu het hard geval, en die wind het soos 'n mes gesny.

La nuit était venue trop vite et l'obscurité les entourait.
Die nag het te vinnig gekom, en duisternis het hulle omring.
Ils n'auraient pas pu choisir un pire endroit pour se reposer.
Hulle kon nouliks 'n slegter plek vir rus gekies het.
Les chiens cherchaient désespérément un endroit où se coucher.
Die honde het desperaat gesoek na 'n plek om te lê.
Un haut mur de roche s'élevait abruptement derrière le petit groupe.
'n Hoë rotsmuur het steil agter die klein groepie verrys.
La tente avait été laissée à Dyea pour alléger la charge.
Die tent is in Dyea agtergelaat om die las ligter te maak.
Ils n'avaient pas d'autre choix que d'allumer le feu sur la glace elle-même.
Hulle het geen ander keuse gehad as om self die vuur op die ys te maak nie.
Ils étendent leurs robes de nuit directement sur le lac gelé.
Hulle het hul slaapklere direk op die bevrore meer uitgesprei.
Quelques bâtons de bois flotté leur ont donné un peu de feu.
'n Paar stokke dryfhout het hulle 'n bietjie vuur gegee.
Mais le feu s'est allumé sur la glace et a fondu à travers elle.
Maar die vuur is op die ys gebou en daardeur ontdooi.
Finalement, ils mangeaient leur dîner dans l'obscurité.
Uiteindelik het hulle hul aandete in die donker geëet.
Buck s'est recroquevillé près du rocher, à l'abri du vent froid.
Buck het langs die rots opgekrul, beskut teen die koue wind.
L'endroit était si chaud et sûr que Buck détestait déménager.
Die plek was so warm en veilig dat Buck dit gehaat het om weg te trek.
Mais François avait réchauffé le poisson et distribuait les rations.
Maar François het die vis warm gemaak en was besig om rantsoene uit te deel.
Buck finit de manger rapidement et retourna dans son lit.
Buck het vinnig klaar geëet en teruggekeer na sy bed.
Mais Spitz était maintenant allongé là où Buck avait fait son lit.

Maar Spitz het nou gelê waar Buck sy bed opgemaak het.
Un grognement sourd avertit Buck que Spitz refusait de bouger.
'n Sagte gegrom het Buck gewaarsku dat Spitz geweier het om te beweeg.
Jusqu'à présent, Buck avait évité ce combat avec Spitz.
Tot nou toe het Buck hierdie geveg met Spitz vermy.
Mais au plus profond de Buck, la bête s'est finalement libérée.
Maar diep binne Buck het die dier uiteindelik losgebreek.
Le vol de son lieu de couchage était trop difficile à tolérer.
Die diefstal van sy slaapplek was te veel om te duld.
Buck se lança sur Spitz, plein de colère et de rage.
Buck het homself na Spitz gestorm, vol woede en woede.
Jusqu'à présent, Spitz pensait que Buck n'était qu'un gros chien.
Tot nou toe het Spitz gedink Buck was net 'n groot hond.
Il ne pensait pas que Buck avait survécu grâce à son esprit.
Hy het nie gedink Buck het deur sy gees oorleef nie.
Il s'attendait à la peur et à la lâcheté, pas à la fureur et à la vengeance.
Hy het vrees en lafhartigheid verwag, nie woede en wraak nie.
François regarda les deux chiens sortir du nid en ruine.
François het gestaar terwyl albei honde uit die verwoeste nes bars.
Il comprit immédiatement ce qui avait déclenché cette lutte sauvage.
Hy het dadelik verstaan wat die wilde stryd begin het.
« Aa-ah ! » s'écria François en soutien au chien brun.
"Aa-ah!" het François uitgeroep ter ondersteuning van die bruin hond.
« Frappez-le ! Par Dieu, punissez ce voleur sournois ! »
"Gee hom 'n pak slae! By God, straf daardie slinkse dief!"
Spitz a montré une volonté égale et une impatience folle de se battre.
Spitz het ewe veel gereedheid en wilde gretigheid om te veg getoon.

Il cria de rage tout en tournant rapidement en rond, cherchant une ouverture.
Hy het woedend uitgeroep terwyl hy vinnig om die draai gekom het, op soek na 'n opening.
Buck a montré la même soif de combat et la même prudence.
Buck het dieselfde honger om te veg, en dieselfde versigtigheid getoon.
Il a également encerclé son adversaire, essayant de prendre le dessus dans la bataille.
Hy het ook om sy teenstander gesirkel in 'n poging om die oorhand in die geveg te kry.
Puis quelque chose d'inattendu s'est produit et a tout changé.
Toe gebeur iets onverwags en verander alles.
Ce moment a retardé l'éventuelle lutte pour le leadership.
Daardie oomblik het die uiteindelike stryd om die leierskap vertraag.
De nombreux kilomètres de piste et de lutte attendaient encore avant la fin.
Baie kilometers se roete en gesukkel het nog voor die einde gewag.
Perrault cria un juron tandis qu'une massue frappait un os.
Perrault het 'n eed geskreeu terwyl 'n knuppel teen die been geslaan het.
Un cri aigu de douleur suivit, puis le chaos explosa tout autour.
'n Skerp pyngil het gevolg, toe het chaos oral ontplof.
Des formes sombres se déplaçaient dans le camp ; des huskies sauvages, affamés et féroces.
Donker gedaantes het in die kamp beweeg; wilde husky's, uitgehonger en fel.
Quatre ou cinq douzaines de huskies avaient reniflé le camp de loin.
Vier of vyf dosyn huskies het die kamp van ver af besnuffel.
Ils s'étaient glissés discrètement pendant que les deux chiens se battaient à proximité.

Hulle het stilweg ingesluip terwyl die twee honde naby baklei het.

François et Perrault chargèrent en brandissant des massues sur les envahisseurs.

François en Perrault het aangeval en knuppels na die indringers geswaai.

Les huskies affamés ont montré les dents et ont riposté avec frénésie.

Die uitgehongerde huskies het tande gewys en woes teruggeveg.

L'odeur de la viande et du pain les avait chassés de toute peur.

Die reuk van vleis en brood het hulle oor alle vrees gedryf.

Perrault battait un chien qui avait enfoui sa tête dans la boîte à nourriture.

Perrault het 'n hond geslaan wat sy kop in die larwehok begrawe het.

Le coup a été violent et la boîte s'est retournée, la nourriture s'est répandue.

Die hou het hard geslaan, en die boks het omgeslaan, en kos het uitgemors.

En quelques secondes, une vingtaine de bêtes sauvages déchirèrent le pain et la viande.

Binne sekondes het 'n tiental wilde diere die brood en vleis verskeur.

Les clubs masculins ont porté coup sur coup, mais aucun chien ne s'est détourné.

Die mansklubs het hou na hou geland, maar geen hond het weggedraai nie.

Ils hurlaient de douleur, mais se battaient jusqu'à ce qu'il ne reste plus de nourriture.

Hulle het gehuil van die pyn, maar geveg totdat daar geen kos oor was nie.

Pendant ce temps, les chiens de traîneau avaient sauté de leurs lits enneigés.

Intussen het die sleehonde van hul sneeubedekte beddens afgespring.

Ils ont été immédiatement attaqués par les huskies vicieux et affamés.
Hulle is onmiddellik aangeval deur die wrede honger huskies.
Buck n'avait jamais vu de créatures aussi sauvages et affamées auparavant.
Buck het nog nooit tevore sulke wilde en uitgehongerde wesens gesien nie.
Leur peau pendait librement, cachant à peine leur squelette.
Hul vel het los gehang en skaars hul geraamtes versteek.
Il y avait un feu dans leurs yeux, de faim et de folie
Daar was 'n vuur in hulle oë, van honger en waansin
Il n'y avait aucun moyen de les arrêter, aucune résistance à leur ruée sauvage.
Daar was geen keer vir hulle nie; geen weerstand teen hul wrede stormloop nie.
Les chiens de traîneau furent repoussés, pressés contre la paroi de la falaise.
Die sleehonde is teruggestoot, teen die kransmuur gedruk.
Trois huskies ont attaqué Buck en même temps, déchirant sa chair.
Drie husky's het Buck gelyktydig aangeval en in sy vlees geskeur.
Du sang coulait de sa tête et de ses épaules, là où il avait été coupé.
Bloed het uit sy kop en skouers gestroom, waar hy gesny was.
Le bruit remplissait le camp : grognements, cris et cris de douleur.
Die geraas het die kamp gevul; gegrom, gegil en pynkrete.
Billee pleurait fort, comme d'habitude, prise dans la mêlée et la panique.
Billee het hard gehuil, soos gewoonlik, vasgevang in die geveg en paniek.
Dave et Solleks se tenaient côte à côte, saignant mais provocants.
Dave en Solleks het langs mekaar gestaan, bloeiend maar uitdagend.

Joe s'est battu comme un démon, mordant tout ce qui s'approchait.
Joe het soos 'n demoon geveg en enigiets gebyt wat naby gekom het.
Il a écrasé la jambe d'un husky d'un claquement brutal de ses mâchoires.
Hy het 'n husky se been met een brutale klap van sy kake vergruis.
Pike a sauté sur le husky blessé et lui a brisé le cou instantanément.
Snoek het op die gewonde husky gespring en sy nek onmiddellik gebreek.
Buck a attrapé un husky par la gorge et lui a déchiré la veine.
Buck het 'n hees hond aan die keel gegryp en deur die aar geskeur.
Le sang gicla et le goût chaud poussa Buck dans une frénésie.
Bloed het gespuit, en die warm smaak het Buck in 'n waansin gedryf.
Il s'est jeté sur un autre agresseur sans hésitation.
Hy het homself sonder aarseling op 'n ander aanvaller gegooi.
Au même moment, des dents acérées s'enfoncèrent dans la gorge de Buck.
Op dieselfde oomblik het skerp tande in Buck se eie keel gegrawe.
Spitz avait frappé de côté, attaquant sans avertissement.
Spitz het van die kant af toegeslaan en sonder waarskuwing aangeval.
Perrault et François avaient vaincu les chiens en volant la nourriture.
Perrault en François het die honde wat die kos gesteel het, verslaan.
Ils se sont alors précipités pour aider leurs chiens à repousser les attaquants.
Nou het hulle gehaas om hul honde te help om die aanvallers terug te veg.

Les chiens affamés se retirèrent tandis que les hommes brandissaient leurs gourdins.
Die uitgehongerde honde het teruggetrek terwyl die mans hul knuppels geswaai het.
Buck s'est libéré de l'attaque, mais l'évasion a été brève.
Buck het van die aanval losgebreek, maar die ontsnapping was van korte duur.
Les hommes ont couru pour sauver leurs chiens, et les huskies ont de nouveau afflué.
Die mans het gehardloop om hul honde te red, en die husky's het weer geswerm.
Billee, effrayé et courageux, sauta dans la meute de chiens.
Billee, verskrik tot dapperheid, spring in die trop honde in.
Mais il s'est alors enfui sur la glace, saisi de terreur et de panique.
Maar toe het hy oor die ys gevlug, in rou vrees en paniek.
Pike et Dub suivaient de près, courant pour sauver leur vie.
Pike en Dub het kort agter hulle gevolg en vir hul lewens gehardloop.
Le reste de l'équipe s'est séparé et dispersé, les suivant.
Die res van die span het uitgebreek en verstrooi, agter hulle aan.
Buck rassembla ses forces pour courir, mais vit alors un éclair.
Buck het sy kragte bymekaargeskraap om te hardloop, maar toe sien hy 'n flits.
Spitz s'est jeté sur le côté de Buck, essayant de le faire tomber au sol.
Spitz het na Buck se sy gestorm en probeer om hom teen die grond te gooi.
Sous cette foule de huskies, Buck n'aurait eu aucune échappatoire.
Onder daardie skare husky's sou Buck geen ontsnapping gehad het nie.
Mais Buck est resté ferme et s'est préparé au coup de Spitz.
Maar Buck het ferm gebly en hom gestaal vir die hou van Spitz.

Puis il s'est retourné et a couru sur la glace avec l'équipe en fuite.
Toe omdraai hy en hardloop saam met die vlugtende span op die ys.

Plus tard, les neuf chiens de traîneau se sont rassemblés à l'abri des bois.
Later het die nege sleehonde in die skuiling van die bos bymekaargekom.

Personne ne les poursuivait plus, mais ils étaient battus et blessés.
Niemand het hulle meer agternagesit nie, maar hulle is aangerand en gewond.

Chaque chien avait des blessures ; quatre ou cinq coupures profondes sur chaque corps.
Elke hond het wonde gehad; vier of vyf diep snye aan elke liggaam.

Dub avait une patte arrière blessée et avait du mal à marcher maintenant.
Dub het 'n beseerde agterbeen gehad en het gesukkel om nou te loop.

Dolly, le nouveau chien de Dyea, avait la gorge tranchée.
Dolly, die nuutste hond van Dyea, het 'n afgesnyde keel gehad.

Joe avait perdu un œil et l'oreille de Billee était coupée en morceaux
Joe het 'n oog verloor, en Billee se oor was in stukke gesny.

Tous les chiens ont crié de douleur et de défaite toute la nuit.
Al die honde het deur die nag van pyn en nederlaag gehuil.

À l'aube, ils retournèrent au camp, endoloris et brisés.
Met dagbreek het hulle terug kamp toe gesluip, seer en stukkend.

Les huskies avaient disparu, mais le mal était fait.
Die husky's het verdwyn, maar die skade was aangerig.

Perrault et François étaient de mauvaise humeur à cause de la ruine.

Perrault en François het in slegte buie gestaan oor die ruïne.
La moitié de la nourriture avait disparu, volée par les voleurs affamés.
Die helfte van die kos was weg, gesteel deur die honger diewe.
Les huskies avaient déchiré les fixations et la toile du traîneau.
Die huskies het deur sleebindings en seil geskeur.
Tout ce qui avait une odeur de nourriture avait été complètement dévoré.
Enigiets met 'n reuk na kos is heeltemal verslind.
Ils ont mangé une paire de bottes de voyage en peau d'élan de Perrault.
Hulle het 'n paar van Perrault se elandvel-reisstewels geëet.
Ils ont mâché des reis en cuir et ruiné des sangles au point de les rendre inutilisables.
Hulle het leerreise gekou en bande onbruikbaar verwoes.
François cessa de fixer le fouet déchiré pour vérifier les chiens.
François het opgehou staar na die geskeurde wimper om die honde te ondersoek.
« Ah, mes amis », dit-il d'une voix basse et pleine d'inquiétude.
"Ag, my vriende," het hy gesê, sy stem laag en vol kommer.
« Peut-être que toutes ces morsures vous transformeront en bêtes folles. »
"Miskien sal al hierdie byte julle in mal diere verander."
« Peut-être que ce sont tous des chiens enragés, sacredam ! Qu'en penses-tu, Perrault ? »
"Miskien almal mal honde, heilige dame! Wat dink jy, Perrault?"
Perrault secoua la tête, les yeux sombres d'inquiétude et de peur.
Perrault het sy kop geskud, oë donker van kommer en vrees.
Il y avait encore quatre cents milles entre eux et Dawson.
Vierhonderd myl het nog tussen hulle en Dawson gelê.

La folie canine pourrait désormais détruire toute chance de survie.
Honde-waansin kan nou enige kans op oorlewing vernietig.
Ils ont passé deux heures à jurer et à essayer de réparer le matériel.
Hulle het twee ure lank gevloek en probeer om die toerusting reg te maak.
L'équipe blessée a finalement quitté le camp, brisée et vaincue.
Die gewonde span het uiteindelik die kamp verlaat, gebroke en verslaan.
C'était le sentier le plus difficile jusqu'à présent, et chaque pas était douloureux.
Dit was die moeilikste roete tot nog toe, en elke tree was pynlik.
La rivière Thirty Mile n'était pas gelée et coulait à flots.
Die Dertig Myl-rivier het nie gevries nie, en het wild gestroom.
Ce n'est que dans les endroits calmes et les tourbillons que la glace parvenait à tenir.
Slegs in kalm kolle en kolkende draaikolke het ys daarin geslaag om te hou.
Six jours de dur labeur se sont écoulés jusqu'à ce que les trente milles soient parcourus.
Ses dae van harde arbeid het verbygegaan totdat die dertig myl voltooi was.
Chaque kilomètre parcouru sur le sentier apportait du danger et une menace de mort.
Elke myl van die roete het gevaar en die dreiging van die dood gebring.
Les hommes et les chiens risquaient leur vie à chaque pas douloureux.
Die mans en honde het hul lewens met elke pynlike tree gewaag.
Perrault a franchi des ponts de glace minces à une douzaine de reprises.

Perrault het 'n dosyn verskillende kere deur dun ysbruggies gebreek.
Il portait une perche et la laissait tomber sur le trou que son corps avait fait.
Hy het 'n paal gedra en dit oor die gat wat sy liggaam gemaak het, laat val.
Plus d'une fois, ce poteau a sauvé Perrault de la noyade.
Meer as een keer het daardie paal Perrault van verdrinking gered.
La vague de froid persistait, l'air était à cinquante degrés en dessous de zéro.
Die koue vlaag het vasgehou, die lug was vyftig grade onder vriespunt.
Chaque fois qu'il tombait, Perrault devait allumer un feu pour survivre.
Elke keer as hy ingeval het, moes Perrault 'n vuur aansteek om te oorleef.
Les vêtements mouillés gelaient rapidement, alors il les séchait près d'une source de chaleur intense.
Nat klere het vinnig gevries, so hy het dit naby die brandende hitte gedroog.
Aucune peur n'a jamais touché Perrault, et cela a fait de lui un courrier.
Geen vrees het Perrault ooit geraak nie, en dit het hom 'n koerier gemaak.
Il a été choisi pour le danger, et il l'a affronté avec une résolution tranquille.
Hy is gekies vir gevaar, en hy het dit met stille vasberadenheid tegemoetgegaan.
Il s'avança face au vent, son visage ratatiné et gelé.
Hy het vorentoe teen die wind gedruk, sy verrekte gesig bevrore.
De l'aube naissante à la tombée de la nuit, Perrault les mena en avant.
Van flou dagbreek tot nagval het Perrault hulle verder gelei.
Il marchait sur une étroite bordure de glace qui se fissurait à chaque pas.

Hy het op smal randys geloop wat met elke tree gekraak het.
Ils n'osaient pas s'arrêter : chaque pause risquait de provoquer un effondrement mortel.
Hulle het nie gewaag om te stop nie—elke pouse het 'n dodelike ineenstorting in gevaar gestel.
Un jour, le traîneau s'est brisé, entraînant Dave et Buck à l'intérieur.
Eenkeer het die slee deurgebreek en Dave en Buck ingesleep.
Au moment où ils ont été libérés, tous deux étaient presque gelés.
Teen die tyd dat hulle vrygesleep is, was albei amper gevries.
Les hommes ont rapidement allumé un feu pour garder Buck et Dave en vie.
Die mans het vinnig 'n vuur gemaak om Buck en Dave aan die lewe te hou.
Les chiens étaient recouverts de glace du nez à la queue, raides comme du bois sculpté.
Die honde was van neus tot stert met ys bedek, styf soos gesnede hout.
Les hommes les faisaient courir en rond près du feu pour décongeler leurs corps.
Die mans het hulle in sirkels naby die vuur laat hardloop om hulle liggame te ontdooi.
Ils se sont approchés si près des flammes que leur fourrure a été brûlée.
Hulle het so naby aan die vlamme gekom dat hulle pels geskroei het.
Spitz a ensuite brisé la glace, entraînant l'équipe derrière lui.
Spitz het volgende deur die ys gebreek en die span agter hom ingesleep.
La cassure s'est étendue jusqu'à l'endroit où Buck tirait.
Die breuk het heeltemal tot by waar Buck getrek het, gestrek.
Buck se pencha en arrière, ses pattes glissant et tremblant sur le bord.
Buck leun hard agteroor, pote gly en bewe op die rand.
Dave a également tendu vers l'arrière, juste derrière Buck sur la ligne.

Dave het ook agtertoe gespanne geraak, net agter Buck op die lyn.

François tirait sur le traîneau, ses muscles craquant sous l'effort.

François het op die slee getrek, sy spiere het gekraak van inspanning.

Une autre fois, la glace du bord s'est fissurée devant et derrière le traîneau.

Nog 'n keer het randys voor en agter die slee gekraak.

Ils n'avaient d'autre issue que d'escalader une paroi rocheuse gelée.

Hulle het geen uitweg gehad behalwe om teen 'n bevrore kransmuur uit te klim nie.

Perrault a réussi à escalader le mur, mais un miracle l'a maintenu en vie.

Perrault het op een of ander manier teen die muur uitgeklim; 'n wonderwerk het hom aan die lewe gehou.

François resta en bas, priant pour avoir le même genre de chance.

François het onder gebly en vir dieselfde soort geluk gebid.

Ils ont attaché chaque sangle, chaque amarrage et chaque traçage en une seule longue corde.

Hulle het elke band, vasmaakplek en spoor in een lang tou vasgemaak.

Les hommes ont hissé chaque chien, un par un, jusqu'au sommet.

Die mans het elke hond, een op 'n slag, na bo gesleep.

François est monté en dernier, après le traîneau et toute la charge.

François het laaste geklim, na die slee en die hele vrag.

Commença alors une longue recherche d'un chemin pour descendre des falaises.

Toe begin 'n lang soektog na 'n pad van die kranse af.

Ils sont finalement descendus en utilisant la même corde qu'ils avaient fabriquée.

Hulle het uiteindelik afgeklim met dieselfde tou wat hulle gemaak het.

La nuit tombait alors qu'ils retournaient au lit de la rivière, épuisés et endoloris.
Die nag het geval toe hulle uitgeput en seer na die rivierbedding terugkeer.
La journée entière ne leur avait permis de gagner qu'un quart de mile.
Die volle dag het hulle slegs 'n kwartmyl se wins opgelewer.
Au moment où ils atteignirent le Hootalinqua, Buck était épuisé.
Teen die tyd dat hulle die Hootalinqua bereik het, was Buck uitgeput.
Les autres chiens ont tout autant souffert des conditions du sentier.
Die ander honde het net so erg onder die roetetoestande gely.
Mais Perrault avait besoin de récupérer du temps et les poussait chaque jour.
Maar Perrault moes tyd herwin en het hulle elke dag aangepor.
Le premier jour, ils ont parcouru trente miles jusqu'à Big Salmon.
Die eerste dag het hulle dertig myl na Big Salmon gereis.
Le lendemain, ils parcoururent trente-cinq milles jusqu'à Little Salmon.
Die volgende dag het hulle vyf-en-dertig myl na Little Salmon gereis.
Le troisième jour, ils ont parcouru quarante longs kilomètres gelés.
Op die derde dag het hulle deur veertig lang bevrore myle gedruk.
À ce moment-là, ils approchaient de la colonie de Five Fingers.
Teen daardie tyd was hulle naby die nedersetting Five Fingers.

Les pieds de Buck étaient plus doux que les pieds durs des huskies indigènes.

Buck se voete was sagter as die harde voete van inheemse huskies.
Ses pattes étaient devenues plus fragiles au fil des générations civilisées.
Sy pote het oor baie beskaafde geslagte sag geword.
Il y a longtemps, ses ancêtres avaient été apprivoisés par des hommes de la rivière ou des chasseurs.
Lank gelede is sy voorouers deur riviermense of jagters getem.
Chaque jour, Buck boitait de douleur, marchant sur des pattes à vif et douloureuses.
Elke dag het Buck mank geloop van die pyn, en op rou, seer pote geloop.
Au camp, Buck tomba comme une forme sans vie sur la neige.
By die kamp het Buck soos 'n lewelose vorm op die sneeu geval.
Bien qu'affamé, Buck ne s'est pas levé pour manger son repas du soir.
Alhoewel hy uitgehonger was, het Buck nie opgestaan om sy aandete te eet nie.
François apporta sa ration à Buck, en déposant du poisson près de son museau.
François het vir Buck sy rantsoen gebring en vis by sy snoet gelê.
Chaque nuit, le chauffeur frottait les pieds de Buck pendant une demi-heure.
Elke aand het die bestuurder Buck se voete vir 'n halfuur gevryf.
François a même découpé ses propres mocassins pour en faire des chaussures pour chiens.
François het selfs sy eie mokassins opgesny om hondeskoene te maak.
Quatre chaussures chaudes ont apporté à Buck un grand et bienvenu soulagement.
Vier warm skoene het Buck 'n groot en welkome verligting gegee.

Un matin, François oublia ses chaussures et Buck refusa de se lever.
Een oggend het François die skoene vergeet, en Buck het geweier om op te staan.
Buck était allongé sur le dos, les pieds en l'air, les agitant pitoyablement.
Buck het op sy rug gelê, sy voete in die lug, en hulle jammerlik gewaai.
Même Perrault sourit à la vue de l'appel dramatique de Buck.
Selfs Perrault het geglimlag by die aanskoue van Buck se dramatiese pleidooi.
Bientôt, les pieds de Buck devinrent durs et les chaussures purent être jetées.
Gou het Buck se voete hard geword, en die skoene kon weggegooi word.
À Pelly, pendant le temps du harnais, Dolly laissait échapper un hurlement épouvantable.
By Pelly, gedurende die tuigtyd, het Dolly 'n verskriklike gehuil uitgestoot.
Le cri était long et rempli de folie, secouant chaque chien.
Die gehuil was lank en gevul met waansin, en het elke hond geskud.
Chaque chien se hérissait de peur sans en connaître la raison.
Elke hond het van vrees geskrik sonder om die rede te weet.
Dolly était devenue folle et s'était jetée directement sur Buck.
Dolly het mal geword en haarself reguit na Buck gegooi.
Buck n'avait jamais vu la folie, mais l'horreur remplissait son cœur.
Buck het nog nooit waansin gesien nie, maar afgryse het sy hart gevul.
Sans réfléchir, il se retourna et s'enfuit, complètement paniqué.
Sonder enige gedagte het hy omgedraai en in absolute paniek gevlug.

Dolly le poursuivit, les yeux fous, la salive s'échappant de ses mâchoires.
Dolly het hom agternagesit, haar oë wild, speeksel wat uit haar kake vlieg.
Elle est restée juste derrière Buck, sans jamais gagner ni reculer.
Sy het reg agter Buck gebly, nooit gewen of teruggedeins nie.
Buck courut à travers les bois, le long de l'île, sur de la glace déchiquetée.
Buck het deur die woude gehardloop, langs die eiland af, oor gekartelde ys.
Il traversa vers une île, puis une autre, revenant vers la rivière.
Hy het na 'n eiland gegaan, toe na 'n ander, en terug na die rivier gesirkel.
Dolly le poursuivait toujours, son grognement le suivant de près à chaque pas.
Dolly het hom steeds agternagesit, haar gegrom kort agter haar met elke tree.
Buck pouvait entendre son souffle et sa rage, même s'il n'osait pas regarder en arrière.
Buck kon haar asemhaling en woede hoor, hoewel hy nie durf terugkyk nie.
François cria de loin, et Buck se tourna vers la voix.
François het van ver af geskree, en Buck het na die stem gedraai.
Encore à bout de souffle, Buck courut, plaçant tout espoir en François.
Nog steeds snakend na asem, hardloop Buck verby en plaas alle hoop op François.
Le conducteur du chien leva une hache et attendit que Buck passe à toute vitesse.
Die hondebestuurder het 'n byl opgelig en gewag terwyl Buck verbyvlieg.
La hache s'abattit rapidement et frappa la tête de Dolly avec une force mortelle.

Die byl het vinnig neergekom en Dolly se kop met dodelike krag getref.

Buck s'est effondré près du traîneau, essoufflé et incapable de bouger.

Buck het naby die slee ineengestort, hygend asemhaal en nie in staat om te beweeg nie.

Ce moment a donné à Spitz l'occasion de frapper un ennemi épuisé.

Daardie oomblik het Spitz sy kans gegee om 'n uitgeputte teenstander te slaan.

Il a mordu Buck à deux reprises, déchirant la chair jusqu'à l'os blanc.

Twee keer het hy Buck gebyt en vleis tot op die wit been afgeskeur.

Le fouet de François claqua, frappant Spitz avec toute sa force et sa fureur.

François se sweep het gekraak en Spitz met volle, woedende krag getref.

Buck regarda avec joie Spitz recevoir sa raclée la plus dure jusqu'à présent.

Buck het met vreugde gekyk hoe Spitz sy ergste pak slae tot nog toe ontvang het.

« C'est un diable, ce Spitz », murmura sombrement Perrault pour lui-même.

"Hy's 'n duiwel, daardie Spitz," het Perrault donker vir homself gemompel.

« Un jour prochain, ce maudit chien tuera Buck, je le jure. »

"Eendag binnekort sal daardie vervloekte hond Buck doodmaak — ek sweer dit."

« Ce Buck a deux démons en lui », répondit François en hochant la tête.

"Daardie Buck het twee duiwels in hom," antwoord François met 'n knik.

« Quand je regarde Buck, je sais que quelque chose de féroce l'attend. »

"Wanneer ek vir Buck kyk, weet ek iets fels wag in hom."

« Un jour, il deviendra fou comme le feu et mettra Spitz en pièces. »
"Eendag sal hy woedend word en Spitz aan stukke skeur."
« Il va mâcher ce chien et le recracher sur la neige gelée. »
"Hy sal daardie hond opkou en hom op die bevrore sneeu spoeg."
« Bien sûr que non, je le sais au plus profond de moi. »
"So seker as enigiets, ek weet dit diep in my bene."

À partir de ce moment-là, les deux chiens étaient engagés dans une guerre.
Van daardie oomblik af was die twee honde in 'n oorlog gewikkel.

Spitz a dirigé l'équipe et a conservé le pouvoir, mais Buck a contesté cela.
Spitz het die span gelei en mag behou, maar Buck het dit betwis.

Spitz a vu son rang menacé par cet étrange étranger du Sud.
Spitz het gesien hoe sy rang bedreig word deur hierdie vreemde Suidland-vreemdeling.

Buck ne ressemblait à aucun autre chien du sud que Spitz avait connu auparavant.
Buck was anders as enige suidelike hond wat Spitz voorheen geken het.

La plupart d'entre eux ont échoué, trop faibles pour survivre au froid et à la faim.
Die meeste van hulle het misluk—te swak om deur koue en honger te oorleef.

Ils sont morts rapidement à cause du travail, du gel et de la lenteur de la famine.
Hulle het vinnig gesterf onder arbeid, ryp en die stadige brand van hongersnood.

Buck se démarquait : plus fort, plus intelligent et plus sauvage chaque jour.
Buck het uitsonderlik gestaan—sterker, slimmer en meer barbaars elke dag.

Il a prospéré dans les difficultés, grandissant jusqu'à égaler les huskies du Nord.

Hy het op ontbering gefloreer en gegroei om by die noordelike huskies te pas.

Buck avait de la force, une habileté sauvage et un instinct patient et mortel.
Buck het krag, wilde vaardigheid en 'n geduldige, dodelike instink gehad.

L'homme avec la massue avait fait perdre à Buck toute témérité.
Die man met die knuppel het Buck se onbesonnenheid uitgeslaan.

La fureur aveugle avait disparu, remplacée par une ruse silencieuse et un contrôle.
Blinde woede was weg, vervang deur stille listigheid en beheer.

Il attendait, calme et primitif, guettant le bon moment.
Hy het gewag, kalm en oer, en uitgesien na die regte oomblik.

Leur lutte pour le commandement est devenue inévitable et claire.
Hul stryd om bevel het onvermydelik en duidelik geword.

Buck désirait être un leader parce que son esprit l'exigeait.
Buck het leierskap begeer omdat sy gees dit vereis het.

Il était poussé par l'étrange fierté née du sentier et du harnais.
Hy is gedryf deur die vreemde trots wat gebore is uit roete en harnas.

Cette fierté a poussé les chiens à tirer jusqu'à ce qu'ils s'effondrent sur la neige.
Daardie trots het honde laat trek totdat hulle op die sneeu ineengestort het.

L'orgueil les a poussés à donner toute la force qu'ils avaient.
Trots het hulle gelok om al die krag wat hulle gehad het te gee.

L'orgueil peut attirer un chien de traîneau jusqu'à la mort.
Trots kan 'n sleehond selfs tot die punt van die dood lok.

La perte du harnais a laissé les chiens brisés et sans but.
Om die harnas te verloor, het honde gebroke en sonder doel gelaat.

Le cœur d'un chien de traîneau peut être brisé par la honte lorsqu'il prend sa retraite.
Die hart van 'n sleehond kan deur skaamte verpletter word wanneer hulle aftree.
Dave vivait avec cette fierté alors qu'il tirait le traîneau par derrière.
Dave het volgens daardie trots geleef terwyl hy die slee van agter af gesleep het.
Solleks, lui aussi, a tout donné avec une force et une loyauté redoutables.
Solleks het ook sy alles gegee met grimmige krag en lojaliteit.
Chaque matin, l'orgueil les faisait passer de l'amertume à la détermination.
Elke oggend het trots hulle van bitter na vasberade verander.
Ils ont poussé toute la journée, puis sont restés silencieux à la fin du camp.
Hulle het die hele dag gedruk, toe stil geword aan die einde van die kamp.
Cette fierté a donné à Spitz la force de battre les tire-au-flanc.
Daardie trots het Spitz die krag gegee om ontduikers in die lyn te klop.
Spitz craignait Buck parce que Buck portait cette même fierté profonde.
Spitz het Buck gevrees omdat Buck dieselfde diep trots gedra het.
L'orgueil de Buck s'est alors retourné contre Spitz, et il ne s'est pas arrêté.
Buck se trots het nou teen Spitz geroer, en hy het nie opgehou nie.
Buck a défié le pouvoir de Spitz et l'a empêché de punir les chiens.
Buck het Spitz se mag getrotseer en hom verhoed om honde te straf.
Lorsque les autres échouaient, Buck s'interposait entre eux et leur chef.
Toe ander misluk het, het Buck tussen hulle en hul leier getree.

Il l'a fait intentionnellement, en rendant son défi ouvert et clair.
Hy het dit met opset gedoen en sy uitdaging oop en duidelik gemaak.
Une nuit, une forte neige a recouvert le monde d'un profond silence.
Een nag het swaar sneeu die wêreld in diepe stilte toegemaak.
Le lendemain matin, Pike, paresseux comme toujours, ne se leva pas pour aller travailler.
Die volgende oggend het Pike, lui soos altyd, nie opgestaan vir werk nie.
Il est resté caché dans son nid sous une épaisse couche de neige.
Hy het in sy nes onder 'n dik laag sneeu weggesteek gebly.
François a appelé et cherché, mais n'a pas pu trouver le chien.
François het geroep en gesoek, maar kon die hond nie vind nie.
Spitz devint furieux et se précipita à travers le camp couvert de neige.
Spitz het woedend geword en deur die sneeubedekte kamp gestorm.
Il grogna et renifla, creusant frénétiquement avec des yeux flamboyants.
Hy het gegrom en gesnuif, terwyl hy woes met brandende oë gegrawe het.
Sa rage était si féroce que Pike tremblait sous la neige de peur.
Sy woede was so fel dat Pike onder die sneeu van vrees gebewe het.
Lorsque Pike fut finalement retrouvé, Spitz se précipita pour punir le chien qui se cachait.
Toe Pike uiteindelik gevind is, het Spitz gespring om die wegkruipende hond te straf.
Mais Buck s'est précipité entre eux avec une fureur égale à celle de Spitz.

Maar Buck het tussen hulle gespring met 'n woede gelykstaande aan Spitz s'n.

L'attaque fut si soudaine et intelligente que Spitz tomba.
Die aanval was so skielik en slim dat Spitz van sy voete af geval het.

Pike, qui tremblait, puisa du courage dans ce défi.
Pike, wat gebewe het, het moed geput uit hierdie verset.

Il sauta sur le Spitz tombé, suivant l'exemple audacieux de Buck.
Hy het op die gevalle Spitz gespring, en Buck se dapper voorbeeld gevolg.

Buck, n'étant plus tenu par l'équité, a rejoint la grève contre Spitz.
Buck, nie meer gebonde aan billikheid nie, het by die staking op Spitz aangesluit.

François, amusé mais ferme dans sa discipline, balançait son lourd fouet.
François, geamuseerd maar ferm in dissipline, het sy swaar hou geswaai.

Il frappa Buck de toutes ses forces pour mettre fin au combat.
Hy het Buck met al sy krag geslaan om die geveg te beëindig.

Buck a refusé de bouger et est resté au sommet du chef tombé.
Buck het geweier om te beweeg en het bo-op die gevalle leier gebly.

François a ensuite utilisé le manche du fouet, frappant Buck durement.
François het toe die sweep se handvatsel gebruik en Buck hard geslaan.

Titubant sous le coup, Buck recula sous l'assaut.
Buck het gewankel van die slag en teruggeval onder die aanval.

François frappait encore et encore tandis que Spitz punissait Pike.
François het oor en oor toegeslaan terwyl Spitz vir Pike gestraf het.

Les jours passèrent et Dawson City se rapprocha de plus en plus.
Dae het verbygegaan, en Dawson City het al hoe nader gekom.
Buck n'arrêtait pas d'intervenir, se glissant entre le Spitz et les autres chiens.
Buck het aanhou inmeng en tussen Spitz en ander honde ingeglip.
Il choisissait bien ses moments, attendant toujours que François parte.
Hy het sy oomblikke goed gekies en altyd gewag vir François om te vertrek.
La rébellion silencieuse de Buck s'est propagée et le désordre a pris racine dans l'équipe.
Buck se stil rebellie het versprei, en wanorde het in die span wortel geskiet.
Dave et Solleks sont restés fidèles, mais d'autres sont devenus indisciplinés.
Dave en Solleks het lojaal gebly, maar ander het oproerig geword.
L'équipe est devenue de plus en plus agitée, querelleuse et hors de propos.
Die span het erger geword—rusteloos, twisgierig en uit lyn.
Plus rien ne fonctionnait correctement et les bagarres devenaient courantes.
Niks het meer vlot gewerk nie, en bakleiery het algemeen geword.
Buck est resté au cœur des troubles, provoquant toujours des troubles.
Buck het in die kern van die moeilikheid gebly en altyd onrus veroorsaak.
François restait vigilant, effrayé par le combat entre Buck et Spitz.
François het waaksaam gebly, bang vir die geveg tussen Buck en Spitz.

Chaque nuit, des bagarres le réveillaient, craignant que le commencement n'arrive enfin.
Elke nag het gevegte hom wakker gemaak, uit vrees dat die begin uiteindelik aangebreek het.
Il sauta de sa robe, prêt à mettre fin au combat.
Hy het uit sy kleed gespring, gereed om die geveg te beëindig.
Mais le moment n'arriva jamais et ils atteignirent finalement Dawson.
Maar die oomblik het nooit aangebreek nie, en hulle het uiteindelik Dawson bereik.
L'équipe est entrée dans la ville un après-midi sombre, tendu et calme.
Die span het een somber middag die dorp binnegekom, gespanne en stil.
La grande bataille pour le leadership était encore en suspens dans l'air glacial.
Die groot stryd om leierskap het steeds in die yskoue lug gehang.
Dawson était rempli d'hommes et de chiens de traîneau, tous occupés à travailler.
Dawson was vol mans en sleehonde, almal besig met werk.
Buck regardait les chiens tirer des charges du matin au soir.
Buck het die honde van die oggend tot die aand dopgehou terwyl hulle vragte trek.
Ils transportaient des bûches et du bois de chauffage et acheminaient des fournitures vers les mines.
Hulle het stompe en brandhout vervoer en voorrade na die myne vervoer.
Là où les chevaux travaillaient autrefois dans le Southland, les chiens travaillent désormais.
Waar perde eens in die Suidland gewerk het, het honde nou gewerk.
Buck a vu quelques chiens du Sud, mais la plupart étaient des huskies ressemblant à des loups.
Buck het 'n paar honde van die Suide gesien, maar die meeste was wolfagtige husky's.

La nuit, comme une horloge, les chiens élevaient la voix pour chanter.
Snags, soos klokslag, het die honde hul stemme in lied verhef.

À neuf heures, à minuit et à nouveau à trois heures, les chants ont commencé.
Om nege, om middernag, en weer om drie, het die sang begin.

Buck aimait se joindre à leur chant étrange, au son sauvage et ancien.
Buck het dit baie geniet om by hulle grillerige gesang aan te sluit, wild en oud in klank.

Les aurores boréales flamboyaient, les étoiles dansaient et la neige recouvrait le pays.
Die aurora het gevlam, sterre het gedans, en sneeu het die land bedek.

Le chant des chiens s'éleva comme un cri contre le silence et le froid glacial.
Die honde se lied het as 'n kreet teen stilte en bittere koue opgeklink.

Mais leur hurlement contenait de la tristesse, et non du défi, dans chaque longue note.
Maar hulle gehuil het hartseer, nie uitdaging nie, in elke lang noot bevat.

Chaque cri plaintif était plein de supplications, le fardeau de la vie elle-même.
Elke weeklag was vol smeekbede; die las van die lewe self.

Cette chanson était vieille, plus vieille que les villes et plus vieille que les incendies.
Daardie liedjie was oud — ouer as dorpe, en ouer as vure

Cette chanson était encore plus ancienne que les voix des hommes.
Daardie lied was selfs ouer as die stemme van mense.

C'était une chanson du monde des jeunes, quand toutes les chansons étaient tristes.
Dit was 'n liedjie uit die jong wêreld, toe alle liedjies hartseer was.

La chanson portait la tristesse d'innombrables générations de chiens.

Die liedjie het hartseer van tallose geslagte honde gedra.
Buck ressentait profondément la mélodie, gémissant de douleur enracinée dans les âges.
Buck het die melodie diep gevoel, gekreun van pyn wat in die eeue gewortel is.
Il sanglotait d'un chagrin aussi vieux que le sang sauvage dans ses veines.
Hy het gehuil van 'n hartseer so oud soos die wilde bloed in sy are.
Le froid, l'obscurité et le mystère ont touché l'âme de Buck.
Die koue, die donker en die misterie het Buck se siel geraak.
Cette chanson prouvait à quel point Buck était revenu à ses origines.
Daardie liedjie het bewys hoe ver Buck na sy oorsprong teruggekeer het.
À travers la neige et les hurlements, il avait trouvé le début de sa propre vie.
Deur sneeu en gehuil het hy die begin van sy eie lewe gevind.

Sept jours après leur arrivée à Dawson, ils repartent.
Sewe dae nadat hulle in Dawson aangekom het, het hulle weer vertrek.
L'équipe est descendue de la caserne jusqu'au sentier du Yukon.
Die span het van die Barakke af na die Yukon-roete geval.
Ils ont commencé le voyage de retour vers Dyea et Salt Water.
Hulle het die reis terug na Dyea en Saltwater begin.
Perrault portait des dépêches encore plus urgentes qu'auparavant.
Perrault het selfs dringender as voorheen berigte oorgedra.
Il était également saisi par la fierté du sentier et avait pour objectif d'établir un record.
Hy is ook deur roete-trots beetgepak en het daarop gemik om 'n rekord op te stel.
Cette fois, plusieurs avantages étaient du côté de Perrault.
Hierdie keer was verskeie voordele aan Perrault se kant.

Les chiens s'étaient reposés pendant une semaine entière et avaient repris des forces.
Die honde het vir 'n volle week gerus en hul krag herwin.
Le sentier qu'ils avaient ouvert était maintenant damé par d'autres.
Die spoor wat hulle gebreek het, was nou deur ander hard gepak.
À certains endroits, la police avait stocké de la nourriture pour les chiens et les hommes.
Op plekke het die polisie kos vir honde en mans gestoor.
Perrault voyageait léger, se déplaçait rapidement et n'avait pas grand-chose pour l'alourdir.
Perrault het lig gereis, vinnig beweeg met min om hom af te weeg.
Ils ont atteint Sixty-Mile, une course de cinquante milles, dès la première nuit.
Hulle het Sixty-Mile, 'n hardloop van vyftig myl, teen die eerste nag bereik.
Le deuxième jour, ils se sont précipités sur le Yukon en direction de Pelly.
Op die tweede dag het hulle die Yukon-rivier opgevaar na Pelly.
Mais ces beaux progrès ont été accompagnés de beaucoup de difficultés pour François.
Maar sulke goeie vordering het met baie stres vir François gepaard gegaan.
La rébellion silencieuse de Buck avait brisé la discipline de l'équipe.
Buck se stil rebellie het die span se dissipline verpletter.
Ils ne se rassemblaient plus comme une seule bête dans les rênes.
Hulle het nie meer soos een dier in die leisels saamgetrek nie.
Buck avait conduit d'autres personnes à la défiance par son exemple audacieux.
Buck het ander deur sy dapper voorbeeld tot verset gelei.
L'ordre de Spitz n'a plus été accueilli avec crainte ou respect.
Spitz se bevel is nie meer met vrees of respek begroet nie.

Les autres ont perdu leur respect pour lui et ont osé résister à son règne.
Die ander het hul ontsag vir hom verloor en het dit gewaag om sy heerskappy te weerstaan.
Une nuit, Pike a volé la moitié d'un poisson et l'a mangé sous les yeux de Buck.
Eendag het Pike 'n halwe vis gesteel en dit onder Buck se oog geëet.
Une autre nuit, Dub et Joe se sont battus contre Spitz et sont restés impunis.
Nog 'n aand het Dub en Joe teen Spitz geveg en ongestraf gebly.
Même Billee gémissait moins doucement et montrait une nouvelle vivacité.
Selfs Billee het minder soet gekerm en nuwe skerpte getoon.
Buck grognait sur Spitz à chaque fois qu'ils se croisaient.
Buck het elke keer vir Spitz gegrom as hulle paaie gekruis het.
L'attitude de Buck devint audacieuse et menaçante, presque comme celle d'un tyran.
Buck se houding het vermetel en dreigend geword, amper soos 'n boelie.
Il marchait devant Spitz avec une démarche assurée, pleine de menace moqueuse.
Hy het voor Spitz uit gestap met 'n bravade, vol spottende dreigement.
Cet effondrement de l'ordre s'est également propagé parmi les chiens de traîneau.
Daardie ineenstorting van orde het ook onder die sleehonde versprei.
Ils se battaient et se disputaient plus que jamais, remplissant le camp de bruit.
Hulle het meer as ooit tevore baklei en gestry, en die kamp met geraas gevul.
La vie au camp se transformait chaque nuit en un chaos sauvage et hurlant.
Die kamplewe het elke nag in 'n wilde, huilende chaos verander.

Seuls Dave et Solleks sont restés stables et concentrés.
Net Dave en Solleks het standvastig en gefokus gebly.
Mais même eux sont devenus colériques à cause des bagarres incessantes.
Maar selfs hulle het kortaf geword van die voortdurende bakleiery.
François jurait dans des langues étranges et piétinait de frustration.
François het in vreemde tale gevloek en gefrustreerd getrap.
Il s'arrachait les cheveux et criait tandis que la neige volait sous ses pieds.
Hy het aan sy hare geruk en geskree terwyl sneeu onder sy voete gevlieg het.
Son fouet claqua sur le groupe, mais parvint à peine à les maintenir en ligne.
Sy sweep het oor die trop geslaan, maar hulle skaars in lyn gehou.
Chaque fois qu'il tournait le dos, les combats reprenaient.
Elke keer as hy die rug gedraai het, het die geveg weer uitgebreek.
François a utilisé le fouet pour Spitz, tandis que Buck a dirigé les rebelles.
François het die sweep vir Spitz gebruik, terwyl Buck die rebelle gelei het.
Chacun connaissait le rôle de l'autre, mais Buck évitait tout blâme.
Elkeen het die ander se rol geken, maar Buck het enige blaam vermy.
François n'a jamais surpris Buck en train de provoquer une bagarre ou de se dérober à son travail.
François het Buck nooit betrap terwyl hy 'n bakleiery begin of sy werk ontduik nie.
Buck travaillait dur sous le harnais – le travail lui faisait désormais vibrer l'esprit.
Buck het hard in die harnas gewerk—die arbeid het nou sy gees opgewonde gemaak.

Mais il trouvait encore plus de joie à provoquer des bagarres et du chaos dans le camp.
Maar hy het selfs meer vreugde gevind in die aanwakkering van gevegte en chaos in die kamp.

Un soir, à l'embouchure du Tahkeena, Dub fit sursauter un lapin.
Een aand by die Tahkeena se bek het Dub 'n konyn laat skrik.
Il a raté la prise et le lièvre d'Amérique s'est enfui.
Hy het die vangs gemis, en die sneeuskoenkonyn het weggespring.
En quelques secondes, toute l'équipe de traîneau s'est lancée à sa poursuite en poussant des cris sauvages.
Binne sekondes het die hele sleespan met wilde geskreeu agternagesit.
À proximité, un camp de la police du Nord-Ouest abritait une cinquantaine de chiens huskys.
Nabygeleë het 'n Noordwes-polisiekamp vyftig huskyhonde gehuisves.
Ils se sont joints à la chasse, descendant ensemble la rivière gelée.
Hulle het by die jagtog aangesluit en saam die bevrore rivier afgestorm.
Le lapin a quitté la rivière et s'est enfui dans le lit d'un ruisseau gelé.
Die konyn het van die rivier afgedraai en in 'n bevrore spruitbedding opgevlug.
Le lapin sautait légèrement sur la neige tandis que les chiens peinaient à se frayer un chemin.
Die haas het liggies oor die sneeu gespring terwyl die honde deurgesukkel het.
Buck menait l'énorme meute de soixante chiens dans chaque virage sinueux.
Buck het die massiewe trop van sestig honde om elke kronkelende draai gelei.
Il avança, bas et impatient, mais ne put gagner du terrain.

Hy het vorentoe gedruk, laag en gretig, maar kon nie grond wen nie.

Son corps brillait sous la lune pâle à chaque saut puissant.
Sy liggaam het met elke kragtige sprong onder die bleek maan geflits.

Devant, le lapin se déplaçait comme un fantôme, silencieux et trop rapide pour être attrapé.
Vooruit het die haas soos 'n spook beweeg, stil en te vinnig om te vang.

Tous ces vieux instincts – la faim, le frisson – envahirent Buck.
Al daardie ou instinkte—die honger, die opwinding—het deur Buck gejaag.

Les humains ressentent parfois cet instinct et sont poussés à chasser avec une arme à feu et des balles.
Mense voel hierdie instink soms, gedryf om met geweer en koeël te jag.

Mais Buck ressentait ce sentiment à un niveau plus profond et plus personnel.
Maar Buck het hierdie gevoel op 'n dieper en meer persoonlike vlak gevoel.

Ils ne pouvaient pas ressentir la nature sauvage dans leur sang comme Buck pouvait la ressentir.
Hulle kon nie die wildernis in hul bloed voel soos Buck dit kon voel nie.

Il chassait la viande vivante, prêt à tuer avec ses dents et à goûter le sang.
Hy het lewende vleis gejaag, gereed om met sy tande dood te maak en bloed te proe.

Son corps se tendait de joie, voulant se baigner dans la vie rouge et chaude.
Sy liggaam het gespanne geword van vreugde, en wou in warm rooi lewe bad.

Une joie étrange marque le point le plus élevé que la vie puisse atteindre.
'n Vreemde vreugde merk die hoogste punt wat die lewe ooit kan bereik.

La sensation d'un pic où les vivants oublient même qu'ils sont en vie.
Die gevoel van 'n piek waar die lewendes vergeet dat hulle selfs leef.
Cette joie profonde touche l'artiste perdu dans une inspiration fulgurante.
Hierdie diepe vreugde raak die kunstenaar verlore in brandende inspirasie.
Cette joie saisit le soldat qui se bat avec acharnement et n'épargne aucun ennemi.
Hierdie vreugde gryp die soldaat aan wat wild veg en geen vyand spaar nie.
Cette joie s'empara alors de Buck alors qu'il menait la meute dans une faim primitive.
Hierdie vreugde het Buck nou geëis terwyl hy die trop in oerhonger gelei het.
Il hurla avec le cri ancien du loup, ravi par la chasse vivante.
Hy het gehuil met die oeroue wolfskreet, opgewonde deur die lewende jaagtog.
Buck a puisé dans la partie la plus ancienne de lui-même, perdue dans la nature.
Buck het die oudste deel van homself aangeraak, verlore in die wildernis.
Il a puisé au plus profond de lui-même, au-delà de la mémoire, dans le temps brut et ancien.
Hy het diep binne hom, verby geheue, in rou, antieke tyd gereik.
Une vague de vie pure a traversé chaque muscle et chaque tendon.
'n Golf van suiwer lewe het deur elke spier en pees gestroom.
Chaque saut criait qu'il vivait, qu'il traversait la mort.
Elke sprong het geskreeu dat hy geleef het, dat hy deur die dood beweeg het.
Son corps s'élevait joyeusement au-dessus d'une terre calme et froide qui ne bougeait jamais.
Sy liggaam het vreugdevol oor stil, koue land gesweef wat nooit geroer het nie.

Spitz est resté froid et rusé, même dans ses moments les plus fous.
Spitz het koud en listig gebly, selfs in sy wildste oomblikke.
Il quitta le sentier et traversa un terrain où le ruisseau formait une large courbe.
Hy het die roete verlaat en land oorgesteek waar die spruit wyd gebuig het.
Buck, inconscient de cela, resta sur le chemin sinueux du lapin.
Buck, onbewus hiervan, het op die konyn se kronkelende pad gebly.
Puis, alors que Buck tournait un virage, le lapin fantomatique était devant lui.
Toe, toe Buck om 'n draai kom, was die spookagtige konyn voor hom.
Il vit une deuxième silhouette sauter de la berge devant la proie.
Hy het 'n tweede figuur van die wal af sien spring voor die prooi uit.
La silhouette était celle d'un Spitz, atterrissant juste sur le chemin du lapin en fuite.
Die figuur was Spitz, wat reg in die pad van die vlugtende konyn beland het.
Le lapin ne pouvait pas se retourner et a rencontré les mâchoires de Spitz en plein vol.
Die konyn kon nie omdraai nie en het Spitz se kake in die lug teëgekom.
La colonne vertébrale du lapin se brisa avec un cri aussi aigu que le cri d'un humain mourant.
Die konyn se ruggraat het gebreek met 'n gil so skerp soos 'n sterwende mens se gehuil.
À ce bruit – la chute de la vie à la mort – la meute hurla fort.
By daardie geluid—die val van lewe na dood—het die trop hard gehuil.
Un chœur sauvage s'éleva derrière Buck, plein de joie sombre.
'n Wrede koor het agter Buck opgestaan, vol donker vreugde.

Buck n'a émis aucun cri, aucun son, et a chargé directement Spitz.
Buck het geen gehuil, geen geluid gemaak nie, en reguit op Spitz ingestorm.
Il a visé la gorge, mais a touché l'épaule à la place.
Hy het na die keel gemik, maar eerder die skouer getref.
Ils dégringolèrent dans la neige molle, leurs corps bloqués dans le combat.
Hulle het deur sagte sneeu getuimel; hul liggame in geveg vasgevang.
Spitz se releva rapidement, comme s'il n'avait jamais été renversé.
Spitz het vinnig opgespring, asof hy glad nie neergeslaan is nie.
Il a entaillé l'épaule de Buck, puis s'est éloigné du combat.
Hy het Buck se skouer gesny en toe uit die geveg gespring.
À deux reprises, ses dents claquèrent comme des pièges en acier, ses lèvres se retroussèrent et devinrent féroces.
Twee keer het sy tande soos staalvalle geknak, lippe gekrul en fel.
Il recula lentement, cherchant un sol ferme sous ses pieds.
Hy het stadig teruggedeins, op soek na vaste grond onder sy voete.
Buck a compris le moment instantanément et pleinement.
Buck het die oomblik onmiddellik en ten volle verstaan.
Le moment était venu ; le combat allait être un combat à mort.
Die tyd het aangebreek; die geveg sou 'n geveg tot die dood wees.
Les deux chiens tournaient en rond, grognant, les oreilles plates, les yeux plissés.
Die twee honde het in 'n sirkel geloop, gegrom, ore plat, oë vernou.
Chaque chien attendait que l'autre montre une faiblesse ou fasse un faux pas.
Elke hond het gewag vir die ander om swakheid of misstap te toon.

Pour Buck, la scène semblait étrangement connue et profondément ancrée dans ses souvenirs.
Vir Buck het die toneel vreemd bekend en diep onthou gevoel.
Les bois blancs, la terre froide, la bataille au clair de lune.
Die wit woude, die koue aarde, die geveg onder maanlig.
Un silence pesant emplissait le pays, profond et contre nature.
'n Swaar stilte het die land gevul, diep en onnatuurlik.
Aucun vent ne soufflait, aucune feuille ne bougeait, aucun bruit ne brisait le silence.
Geen wind het geroer, geen blaar het beweeg, geen geluid het die stilte verbreek nie.
Le souffle des chiens s'élevait comme de la fumée dans l'air glacial et calme.
Die honde se asems het soos rook in die bevrore, stil lug opgestyg.
Le lapin a été depuis longtemps oublié par la meute de bêtes sauvages.
Die konyn is lankal deur die trop wilde diere vergeet.
Ces loups à moitié apprivoisés se tenaient maintenant immobiles dans un large cercle.
Hierdie halfgetemde wolwe het nou stilgestaan in 'n wye sirkel.
Ils étaient silencieux, seuls leurs yeux brillants révélaient leur faim.
Hulle was stil, net hul gloeiende oë het hul honger verklap.
Leur souffle s'éleva, regardant le combat final commencer.
Hul asem het opwaarts gedryf, terwyl hulle die laaste geveg sien begin.
Pour Buck, cette bataille était ancienne et attendue, pas du tout étrange.
Vir Buck was hierdie geveg oud en verwag, glad nie vreemd nie.
C'était comme un souvenir de quelque chose qui devait arriver depuis toujours.
Dit het gevoel soos 'n herinnering aan iets wat altyd bestem was om te gebeur.

Le Spitz était un chien de combat entraîné, affiné par d'innombrables bagarres sauvages.
Spitz was 'n opgeleide veghond, geslyp deur tallose wilde bakleiery.
Du Spitzberg au Canada, il a vaincu de nombreux ennemis.
Van Spitsbergen tot Kanada het hy baie vyande bemeester.
Il était rempli de fureur, mais n'a jamais cédé au contrôle de la rage.
Hy was vol woede, maar het nooit beheer oor sy woede gegee nie.
Sa passion était vive, mais toujours tempérée par un instinct dur.
Sy passie was skerp, maar altyd getemper deur harde instink.
Il n'a jamais attaqué jusqu'à ce que sa propre défense soit en place.
Hy het nooit aangeval totdat sy eie verdediging in plek was nie.
Buck a essayé encore et encore d'atteindre le cou vulnérable de Spitz.
Buck het oor en oor probeer om Spitz se kwesbare nek te bereik.
Mais chaque coup était accueilli par un coup des dents acérées de Spitz.
Maar elke hou is begroet met 'n hou van Spitz se skerp tande.
Leurs crocs se sont heurtés et les deux chiens ont saigné de leurs lèvres déchirées.
Hul slagtande het gebots, en albei honde het uit geskeurde lippe gebloei.
Peu importe comment Buck s'est lancé, il n'a pas pu briser la défense.
Maak nie saak hoe Buck gelung het nie, hy kon nie die verdediging breek nie.
Il devint de plus en plus furieux, se précipitant avec des explosions de puissance sauvages.
Hy het al woedender geword en met wilde magsuitbarstings ingestorm.
À maintes reprises, Buck frappait la gorge blanche du Spitz.

Keer op keer het Buck vir Spitz se wit keel geslaan.
À chaque fois, Spitz esquivait et riposta avec une morsure tranchante.
Elke keer het Spitz ontwyk en met 'n snydende byt teruggeslaan.
Buck changea alors de tactique, se précipitant à nouveau comme pour atteindre la gorge.
Toe verander Buck van taktiek en storm weer asof hy vir die keel wil mik.
Mais il s'est retiré au milieu de l'attaque, se tournant pour frapper sur le côté.
Maar hy het midde-aanval teruggetrek en van die kant af geslaan.
Il a lancé son épaule sur Spitz, dans le but de le faire tomber.
Hy het sy skouer in Spitz gegooi, met die doel om hom neer te gooi.
À chaque fois qu'il essayait, Spitz esquivait et ripostait avec une frappe.
Elke keer as hy probeer het, het Spitz ontwyk en met 'n hou teruggekeer.
L'épaule de Buck était à vif alors que Spitz s'écartait après chaque coup.
Buck se skouer het rou geword toe Spitz ná elke hou wegspring.
Spitz n'avait pas été touché, tandis que Buck saignait de nombreuses blessures.
Spitz is nie aangeraak nie, terwyl Buck uit baie wonde gebloei het.
La respiration de Buck était rapide et lourde, son corps était couvert de sang.
Buck se asemhaling het vinnig en swaar gekom, sy liggaam glad van die bloed.
Le combat devenait plus brutal à chaque morsure et à chaque charge.
Die geveg het met elke byt en aanval meer brutaal geword.
Autour d'eux, soixante chiens silencieux attendaient le premier à tomber.

Rondom hulle het sestig stil honde gewag vir die eerstes om te val.

Si un chien tombait, la meute allait mettre fin au combat.
As een hond sou val, sou die trop die geveg voltooi.

Spitz vit Buck faiblir et commença à attaquer.
Spitz het gesien hoe Buck verswak en het die aanval begin afdwing.

Il a maintenu Buck en déséquilibre, le forçant à lutter pour garder pied.
Hy het Buck van balans af gehou, wat hom gedwing het om vir balans te veg.

Un jour, Buck trébucha et tomba, et tous les chiens se relevèrent.
Eenkeer het Buck gestruikel en geval, en al die honde het opgestaan.

Mais Buck s'est redressé au milieu de sa chute, et tout le monde s'est affalé.
Maar Buck het homself midde-in die val regop gemaak, en almal het weer ineengesak.

Buck avait quelque chose de rare : une imagination née d'un instinct profond.
Buck het iets skaars gehad — verbeelding gebore uit diep instink.

Il combattait par instinct naturel, mais aussi par ruse.
Hy het met natuurlike dryfkrag geveg, maar hy het ook met listigheid geveg.

Il chargea à nouveau comme s'il répétait son tour d'attaque à l'épaule.
Hy het weer aangeval asof hy sy skoueraanval-truuk herhaal het.

Mais à la dernière seconde, il s'est laissé tomber et a balayé Spitz.
Maar op die laaste oomblik het hy laag geval en onder Spitz deurgevee.

Ses dents se sont bloquées sur la patte avant gauche de Spitz avec un claquement.

Sy tande het met 'n klap aan Spitz se voorste linkerbeen vasgehaak.

Spitz était maintenant instable, son poids reposant sur seulement trois pattes.

Spitz het nou onvas gestaan, sy gewig op slegs drie bene.

Buck frappa à nouveau, essaya trois fois de le faire tomber.

Buck het weer toegeslaan en drie keer probeer om hom neer te bring.

À la quatrième tentative, il a utilisé le même mouvement avec succès.

Met die vierde poging het hy dieselfde beweging met sukses gebruik.

Cette fois, Buck a réussi à mordre la jambe droite du Spitz.

Hierdie keer het Buck daarin geslaag om Spitz se regterbeen te byt.

Spitz, bien que paralysé et souffrant, continuait à lutter pour survivre.

Spitz, hoewel kreupel en in pyn, het aangehou sukkel om te oorleef.

Il vit le cercle de huskies se resserrer, la langue tirée, les yeux brillants.

Hy het gesien hoe die kring van husky's saamtrek, tonge uit, oë gloei.

Ils attendaient de le dévorer, comme ils l'avaient fait pour les autres.

Hulle het gewag om hom te verslind, net soos hulle met ander gedoen het.

Cette fois, il se tenait au centre, vaincu et condamné.

Hierdie keer het hy in die middel gestaan; verslaan en verdoem.

Le chien blanc n'avait désormais plus aucune possibilité de s'échapper.

Daar was nou geen ander manier om te ontsnap vir die wit hond nie.

Buck n'a montré aucune pitié, car la pitié n'avait pas sa place dans la nature.

Buck het geen genade betoon nie, want genade het nie in die wildernis hoort nie.

Buck se déplaçait prudemment, se préparant à la charge finale.

Buck het versigtig beweeg en gereed gemaak vir die laaste aanval.

Le cercle des huskies se referma ; il sentit leur souffle chaud.

Die kring van husky's het toegemaak; hy het hul warm asemhalings gevoel.

Ils s'accroupirent, prêts à bondir lorsque le moment viendrait.

Hulle het laag gehurk, gereed om te spring wanneer die oomblik aanbreek.

Spitz tremblait dans la neige, grognant et changeant de position.

Spitz het in die sneeu gebewe, gegrom en sy posisie verskuif.

Ses yeux brillaient, ses lèvres se courbaient, ses dents brillaient dans une menace désespérée.

Sy oë het gegloei, lippe opgetrek, tande het geflikker in desperate dreiging.

Il tituba, essayant toujours de résister à la morsure froide de la mort.

Hy het gestruikel, steeds probeer om die koue byt van die dood af te weer.

Il avait déjà vu cela auparavant, mais toujours du côté des gagnants.

Hy het dit al voorheen gesien, maar altyd van die wenkant af.

Il était désormais du côté des perdants, des vaincus, de la proie, de la mort.

Nou was hy aan die verloorkant; die verslane; die prooi; die dood.

Buck tourna en rond pour porter le coup final, le cercle de chiens se rapprochant.

Buck het in 'n sirkel gedraai vir die finale hou, die kring honde het nader gedruk.

Il pouvait sentir leur souffle chaud, prêt à tuer.

Hy kon hulle warm asemteue voel; gereed vir die doodmaak.

Un silence s'installa ; tout était à sa place ; le temps s'était arrêté.
'n Stilte het neergesak; alles was op sy plek; tyd het stilgestaan.
Même l'air froid entre eux se figea un dernier instant.
Selfs die koue lug tussen hulle het vir 'n laaste oomblik gevries.
Seul Spitz bougea, essayant de retenir sa fin amère.
Net Spitz het beweeg en probeer om sy bitter einde af te weer.
Le cercle des chiens se refermait autour de lui, comme l'était son destin.
Die kring van honde het om hom gesluit, soos sy bestemming was.
Il était désespéré maintenant, sachant ce qui allait se passer.
Hy was nou desperaat, wetende wat op die punt staan om te gebeur.
Buck bondit, épaule contre épaule une dernière fois.
Buck spring ingespring, skouer teen skouer vir die laaste keer.
Les chiens se sont précipités en avant, couvrant Spitz dans l'obscurité neigeuse.
Die honde het vorentoe gestorm en Spitz in die sneeudonker bedek.
Buck regardait, debout, le vainqueur dans un monde sauvage.
Buck het gekyk, regop staande; die oorwinnaar in 'n barbaarse wêreld.
La bête primordiale dominante avait fait sa proie, et c'était bien.
Die dominante oerdier het sy slagting gemaak, en dit was goed.

Celui qui a gagné la maîtrise
Hy, wat Meesterskap gewen het

« Hein ? Qu'est-ce que j'ai dit ? Je dis vrai quand je dis que Buck est un démon. »
"Eh? Wat het ek gesê? Ek praat die waarheid as ek sê Buck is 'n duiwel."

François a dit cela le lendemain matin après avoir constaté la disparition de Spitz.
François het dit die volgende oggend gesê nadat hy Spitz as vermis gevind het.

Buck se tenait là, couvert de blessures dues au combat acharné.
Buck het daar gestaan, bedek met wonde van die wrede geveg.

François tira Buck près du feu et lui montra les blessures.
François het Buck naby die vuur getrek en na die beserings gewys.

« Ce Spitz s'est battu comme le Devik », dit Perrault en observant les profondes entailles.
"Daardie Spitz het soos die Devik geveg," het Perrault gesê terwyl hy die diep snye dopgehou het.

« Et ce Buck s'est battu comme deux diables », répondit aussitôt François.
"En daardie Buck het soos twee duiwels geveg," het François dadelik geantwoord.

« Maintenant, nous allons faire du bon temps ; plus de Spitz, plus de problèmes. »
"Nou sal ons goeie tyd maak; geen Spitz meer nie, geen moeilikheid meer nie."

Perrault préparait le matériel et chargeait le traîneau avec soin.
Perrault was besig om die toerusting te pak en die slee met sorg te laai.

François a attelé les chiens en prévision de la course du jour.
François het die honde ingespan ter voorbereiding vir die dag se hardloop.

Buck a trotté directement vers la position de tête autrefois détenue par Spitz.
Buck draf reguit na die voorste posisie wat eens deur Spitz gehou is.
Mais François, sans s'en apercevoir, conduisit Solleks vers l'avant.
Maar François, wat dit nie opgemerk het nie, het Solleks vorentoe na die front gelei.
Aux yeux de François, Solleks était désormais le meilleur chien de tête.
Volgens François se oordeel was Solleks nou die beste leidhond.
Buck se jeta sur Solleks avec fureur et le repoussa en signe de protestation.
Buck het woedend op Solleks gespring en hom uit protes teruggedryf.
Il se tenait là où Spitz s'était autrefois tenu, revendiquant la position de leader.
Hy het gestaan waar Spitz eens gestaan het en die voorste posisie opgeëis.
« Hein ? Hein ? » s'écria François en se frappant les cuisses d'un air amusé.
"Eh? Eh?" roep François uit en klap sy dye geamuseerd.
« Regardez Buck, il a tué Spitz, et maintenant il veut prendre le poste ! »
"Kyk na Buck—hy het Spitz doodgemaak, nou wil hy die werk vat!"
« Va-t'en, Chook ! » cria-t-il, essayant de chasser Buck.
"Gaan weg, Chook!" het hy geskree en probeer om Buck weg te jaag.
Mais Buck refusa de bouger et resta ferme dans la neige.
Maar Buck het geweier om te beweeg en het ferm in die sneeu gestaan.
François attrapa Buck par la peau du cou et le tira sur le côté.
François het Buck aan die nek gegryp en hom eenkant toe gesleep.
Buck grogna bas et menaçant mais n'attaqua pas.

Buck het laag en dreigend gegrom, maar nie aangeval nie.
François a remis Solleks en tête, tentant de régler le différend
François het Solleks weer in die voortou geplaas en probeer om die dispuut te besleg.
Le vieux chien avait peur de Buck et ne voulait pas rester.
Die ou hond het vrees vir Buck getoon en wou nie bly nie.
Quand François lui tourna le dos, Buck chassa à nouveau Solleks.
Toe François sy rug draai, het Buck Solleks weer uitgedryf.
Solleks n'a pas résisté et s'est discrètement écarté une fois de plus.
Solleks het nie weerstand gebied nie en het weer stilweg opsy getree.
François s'est mis en colère et a crié : « Par Dieu, je te répare ! »
François het kwaad geword en geskree: "By God, ek maak jou reg!"
Il s'approcha de Buck en tenant une lourde massue à la main.
Hy het na Buck toe gekom met 'n swaar knuppel in sy hand.
Buck se souvenait bien de l'homme au pull rouge.
Buck het die man in die rooi trui goed onthou.
Il recula lentement, observant François, mais grognant profondément.
Hy het stadig teruggetrek, François dopgehou, maar diep gegrom.
Il ne s'est pas précipité en arrière, même lorsque Solleks s'est levé à sa place.
Hy het nie teruggehaas nie, selfs toe Solleks in sy plek gestaan het.
Buck tourna en rond juste hors de portée, grognant de fureur et de protestation.
Buck het net buite bereik sirkelgeloop, woedend en protesagtig.
Il gardait les yeux fixés sur le club, prêt à esquiver si François lançait.

Hy het sy oë op die knuppel gehou, gereed om te ontwyk as François gooi.

Il était devenu sage et prudent quant aux manières des hommes armés.

Hy het wys en versigtig geword in die weë van manne met wapens.

François abandonna et rappela Buck à son ancienne place.

François het moed opgegee en Buck weer na sy vorige plek geroep.

Mais Buck recula prudemment, refusant d'obéir à l'ordre.

Maar Buck het versigtig teruggetree en geweier om die bevel te gehoorsaam.

François le suivit, mais Buck ne recula que de quelques pas supplémentaires.

François het gevolg, maar Buck het net 'n paar treë verder teruggedeins.

Après un certain temps, François jeta l'arme par frustration.

Na 'n rukkie het François die wapen in frustrasie neergegooi.

Il pensait que Buck craignait d'être battu et qu'il allait venir tranquillement.

Hy het gedink Buck was bang vir 'n pak slae en sou stilletjies kom.

Mais Buck n'évitait pas la punition : il se battait pour son rang.

Maar Buck het nie straf vermy nie—hy het vir rang geveg.

Il avait gagné la place de chien de tête grâce à un combat à mort.

Hy het die leierhondposisie verdien deur 'n geveg tot die dood toe

il n'allait pas se contenter de moins que d'être le leader.

Hy sou nie met enigiets minder as om die leier te wees, tevrede wees nie.

Perrault a participé à la poursuite pour aider à attraper le Buck rebelle.

Perrault het 'n hand in die jaagtog geneem om die opstandige Buck te help vang.

Ensemble, ils l'ont fait courir dans le camp pendant près d'une heure.
Saam het hulle hom vir amper 'n uur om die kamp gehardloop.
Ils lui lancèrent des coups de massue, mais Buck les esquiva habilement.
Hulle het knuppels na hom gegooi, maar Buck het elkeen vaardig ontwyk.
Ils l'ont maudit, lui, ses ancêtres, ses descendants et chaque cheveu de sa personne.
Hulle het hom, sy voorouers, sy nageslag en elke haar op hom vervloek.
Mais Buck se contenta de gronder en retour et resta hors de leur portée.
Maar Buck het net teruggegrom en net buite hulle bereik gebly.
Il n'a jamais essayé de s'enfuir mais a délibérément tourné autour du camp.
Hy het nooit probeer wegvlug nie, maar het doelbewus om die kamp gegaan.
Il a clairement fait savoir qu'il obéirait une fois qu'ils lui auraient donné ce qu'il voulait.
Hy het dit duidelik gemaak dat hy sou gehoorsaam sodra hulle hom gegee het wat hy wou hê.
François s'est finalement assis et s'est gratté la tête avec frustration.
François het uiteindelik gaan sit en gefrustreerd aan sy kop gekrap.
Perrault consulta sa montre, jura et marmonna à propos du temps perdu.
Perrault het op sy horlosie gekyk, gevloek en gemompel oor verlore tyd.
Une heure s'était déjà écoulée alors qu'ils auraient dû être sur la piste.
'n Uur het reeds verbygegaan toe hulle op die roete moes gewees het.

François haussa les épaules d'un air penaud en direction du coursier, qui soupira de défaite.
François het skaam sy skouers opgetrek vir die koerier, wat verslae gesug het.
François se dirigea alors vers Solleks et appela Buck une fois de plus.
Toe stap François na Solleks en roep weer eens na Buck.
Buck rit comme rit un chien, mais garda une distance prudente.
Buck het gelag soos 'n hond lag, maar sy versigtige afstand gehou.
François retira le harnais de Solleks et le remit à sa place.
François het Solleks se harnas verwyder en hom terug op sy plek gebring.
L'équipe de traîneau était entièrement harnachée, avec seulement une place libre.
Die sleespan het ten volle ingespan gestaan, met slegs een plek oop.
La position de tête est restée vide, clairement destinée à Buck seul.
Die voorste posisie het leeg gebly, duidelik bedoel vir Buck alleen.
François appela à nouveau, et à nouveau Buck rit et tint bon.
François het weer geroep, en weer het Buck gelag en sy manne gehou.
« Jetez le club », ordonna Perrault sans hésitation.
"Gooi die knuppel neer," het Perrault sonder aarseling beveel.
François obéit et Buck trotta immédiatement en avant, fièrement.
François het gehoorsaam, en Buck het dadelik trots vorentoe gedraf.
Il rit triomphalement et prit la tête.
Hy het triomfantlik gelag en in die voorste posisie ingetree.
François a sécurisé ses traces et le traîneau a été détaché.
François het sy spore verseker, en die slee is losgebreek.
Les deux hommes couraient côte à côte tandis que l'équipe s'engageait sur le sentier de la rivière.

Albei mans het langs die span gehardloop terwyl hulle op die rivierpaadjie gejaag het.

François avait une haute opinion des « deux diables » de Buck,

François het Buck se "twee duiwels" hoog aangeslaan.

mais il s'est vite rendu compte qu'il avait en fait sous-estimé le chien.

maar hy het gou besef dat hy die hond eintlik onderskat het.

Buck a rapidement pris le leadership et a fait preuve d'excellence.

Buck het vinnig leierskap oorgeneem en met uitnemendheid presteer.

En termes de jugement, de réflexion rapide et d'action, Buck a surpassé Spitz.

In oordeel, vinnige denke en vinnige optrede het Buck Spitz oortref.

François n'avait jamais vu un chien égal à celui que Buck présentait maintenant.

François het nog nooit 'n hond gesien wat gelykstaande was aan wat Buck nou vertoon het nie.

Mais Buck excellait vraiment dans l'art de faire respecter l'ordre et d'imposer le respect.

Maar Buck het werklik uitgeblink in die handhawing van orde en die afdwing van respek.

Dave et Solleks ont accepté le changement sans inquiétude ni protestation.

Dave en Solleks het die verandering sonder kommer of protes aanvaar.

Ils se concentraient uniquement sur le travail et tiraient fort sur les rênes.

Hulle het net op werk gefokus en hard in die leisels trek.

Peu leur importait de savoir qui menait, tant que le traîneau continuait d'avancer.

Hulle het min omgegee wie lei, solank die slee aanhou beweeg het.

Billee, la joyeuse, aurait pu diriger pour autant qu'ils s'en soucient.

Billee, die vrolike een, kon gelei het vir alles wat hulle omgegee het.

Ce qui comptait pour eux, c'était la paix et l'ordre dans les rangs.

Wat vir hulle saak gemaak het, was vrede en orde in die geledere.

Le reste de l'équipe était devenu indiscipliné pendant le déclin de Spitz.

Die res van die span het onordelik geword tydens Spitz se agteruitgang.

Ils furent choqués lorsque Buck les ramena immédiatement à l'ordre.

Hulle was geskok toe Buck hulle dadelik tot orde gebring het.

Pike avait toujours été paresseux et traînait les pieds derrière Buck.

Pike was nog altyd lui en het agter Buck gesleep.

Mais maintenant, il a été sévèrement discipliné par la nouvelle direction.

Maar nou is hy skerp gedissiplineer deur die nuwe leierskap.

Et il a rapidement appris à faire sa part dans l'équipe.

En hy het vinnig geleer om sy gewig in die span te trek.

À la fin de la journée, Pike avait travaillé plus dur que jamais.

Teen die einde van die dag het Pike harder as ooit tevore gewerk.

Cette nuit-là, au camp, Joe, le chien aigri, fut finalement maîtrisé.

Daardie nag in die kamp is Joe, die suur hond, uiteindelik onderdruk.

Spitz n'avait pas réussi à le discipliner, mais Buck n'avait pas échoué.

Spitz het versuim om hom te dissiplineer, maar Buck het nie gefaal nie.

Grâce à son poids plus important, Buck a vaincu Joe en quelques secondes.

Deur sy groter gewig te gebruik, het Buck Joe binne sekondes oorweldig.

Il a mordu et battu Joe jusqu'à ce qu'il gémisse et cesse de résister.

Hy het Joe gebyt en geslaan totdat hy gekerm het en opgehou het om weerstand te bied.

Toute l'équipe s'est améliorée à partir de ce moment-là.

Die hele span het van daardie oomblik af verbeter.

Les chiens ont retrouvé leur ancienne unité et leur discipline.

Die honde het hul ou eenheid en dissipline herwin.

À Rink Rapids, deux nouveaux huskies indigènes, Teek et Koona, nous ont rejoint.

By Rink Rapids het twee nuwe inheemse huskies, Teek en Koona, aangesluit.

La rapidité avec laquelle Buck les dressa étonna même François.

Buck se vinnige opleiding van hulle het selfs François verbaas.

« Il n'y a jamais eu de chien comme ce Buck ! » s'écria-t-il avec stupéfaction.

"Nog nooit was daar so 'n hond soos daardie Bok nie!" het hy verbaas uitgeroep.

« Non, jamais ! Il vaut mille dollars, bon sang ! »

"Nee, nooit! Hy is duisend dollar werd, by God!"

« Hein ? Qu'en dis-tu, Perrault ? » demanda-t-il avec fierté.

"Eh? Wat sê jy, Perrault?" het hy met trots gevra.

Perrault hocha la tête en signe d'accord et vérifia ses notes.

Perrault het instemmend geknik en sy notas nagegaan.

Nous sommes déjà en avance sur le calendrier et gagnons chaque jour davantage.

Ons is reeds voor op skedule en kry elke dag meer.

Le sentier était dur et lisse, sans neige fraîche.

Die roete was styf en glad, sonder vars sneeu.

Le froid était constant, oscillant autour de cinquante degrés en dessous de zéro.

Die koue was bestendig en het deurgaans op vyftig onder vriespunt gehang.

Les hommes montaient et couraient à tour de rôle pour se réchauffer et gagner du temps.
Die mans het beurtelings gery en gehardloop om warm te bly en tyd te maak.

Les chiens couraient vite avec peu d'arrêts, poussant toujours vers l'avant.
Die honde het vinnig gehardloop met min stoppe, altyd vorentoe gestoot.

La rivière Thirty Mile était en grande partie gelée et facile à traverser.
Die Dertig Myl-rivier was meestal gevries en maklik om oor te reis.

Ils sont sortis en un jour, ce qui leur avait pris dix jours pour venir.
Hulle het in een dag uitgegaan wat tien dae geneem het om in te kom.

Ils ont parcouru une distance de soixante milles du lac Le Barge jusqu'à White Horse.
Hulle het 'n sestig myl lange draf van Lake Le Barge na White Horse gemaak.

À travers les lacs Marsh, Tagish et Bennett, ils se déplaçaient incroyablement vite.
Oor Marsh-, Tagish- en Bennett-mere het hulle ongelooflik vinnig beweeg.

L'homme qui courait était tiré derrière le traîneau par une corde.
Die hardloopman het agter die slee aan 'n tou gesleep.

La dernière nuit de la deuxième semaine, ils sont arrivés à destination.
Op die laaste aand van week twee het hulle by hul bestemming aangekom.

Ils avaient atteint ensemble le sommet du col White.
Hulle het saam die bopunt van White Pass bereik.

Ils sont descendus au niveau de la mer avec les lumières de Skaguay en dessous d'eux.
Hulle het tot seevlak gedaal met Skaguay se ligte onder hulle.

Il s'agissait d'une course record à travers des kilomètres de nature froide et sauvage.
Dit was 'n rekordbrekende lopie oor kilometers koue wildernis.
Pendant quatorze jours d'affilée, ils ont parcouru en moyenne quarante miles.
Vir veertien dae aaneen het hulle gemiddeld 'n stewige veertig myl afgelê.
À Skaguay, Perrault et François transportaient des marchandises à travers la ville.
In Skaguay het Perrault en François vrag deur die dorp vervoer.
Ils ont été acclamés et ont reçu de nombreuses boissons de la part d'une foule admirative.
Hulle is deur bewonderende skares toegejuig en baie drankies aangebied.
Les chasseurs de chiens et les ouvriers se sont rassemblés autour du célèbre attelage de chiens.
Hondejaers en werkers het rondom die bekende hondespan vergader.
Puis les hors-la-loi de l'Ouest arrivèrent en ville et subirent une violente défaite.
Toe het westerse bandiete na die dorp gekom en 'n gewelddadige nederlaag gely.
Les gens ont vite oublié l'équipe et se sont concentrés sur un nouveau drame.
Die mense het gou die span vergeet en op nuwe drama gefokus.
Puis sont arrivées les nouvelles commandes qui ont tout changé d'un coup.
Toe kom die nuwe bevele wat alles gelyktydig verander het.
François appela Buck à lui et le serra dans ses bras avec une fierté larmoyante.
François het Buck na hom geroep en hom met tranerige trots omhels.
Ce moment fut la dernière fois que Buck revit François.

Daardie oomblik was die laaste keer dat Buck François ooit weer gesien het.

Comme beaucoup d'hommes avant eux, François et Perrault étaient tous deux partis.

Soos baie mans tevore, was beide François en Perrault weg.

Un métis écossais a pris en charge Buck et ses coéquipiers de chiens de traîneau.

'n Skotse halfbloed het Buck en sy sleehondspanmaats in beheer geneem.

Avec une douzaine d'autres équipes de chiens, ils sont retournés par le sentier jusqu'à Dawson.

Saam met 'n dosyn ander hondespanne het hulle langs die roete na Dawson teruggekeer.

Ce n'était plus une course rapide, juste un travail pénible avec une lourde charge chaque jour.

Dit was nou geen vinnige lopie nie—net swaar werk met 'n swaar vrag elke dag.

C'était le train postal qui apportait des nouvelles aux chercheurs d'or près du pôle.

Dit was die postrein wat nuus gebring het aan goudjagters naby die Pool.

Buck n'aimait pas le travail mais le supportait bien, étant fier de ses efforts.

Buck het die werk nie gehou nie, maar het dit goed verduur en was trots op sy poging.

Comme Dave et Solleks, Buck a fait preuve de dévouement dans chaque tâche quotidienne.

Soos Dave en Solleks, het Buck toewyding aan elke daaglikse taak getoon.

Il s'est assuré que chacun de ses coéquipiers fasse sa part du travail.

Hy het seker gemaak dat sy spanmaats elkeen hul billike gewig bygedra het.

La vie sur les sentiers est devenue ennuyeuse, répétée avec la précision d'une machine.

Die roetelewe het dof geword, herhaal met die presisie van 'n masjien.

Chaque jour était le même, un matin se fondant dans le suivant.
Elke dag het dieselfde gevoel, die een oggend het in die volgende oorgegaan.
À la même heure, les cuisiniers se levèrent pour allumer des feux et préparer la nourriture.
Op dieselfde uur het die kokke opgestaan om vure te maak en kos voor te berei.
Après le petit-déjeuner, certains quittèrent le camp tandis que d'autres attelèrent les chiens.
Na ontbyt het sommige die kamp verlaat terwyl ander die honde ingespan het.
Ils ont pris la route avant que le faible avertissement de l'aube ne touche le ciel.
Hulle het die roete aangepak voordat die dowwe waarskuwing van die dagbreek die lug geraak het.
La nuit, ils s'arrêtaient pour camper, chaque homme ayant une tâche précise.
In die nag het hulle gestop om kamp op te slaan, elke man met 'n vasgestelde plig.
Certains ont monté les tentes, d'autres ont coupé du bois de chauffage et ramassé des branches de pin.
Party het die tente opgeslaan, ander het brandhout gekap en dennetakke bymekaargemaak.
De l'eau ou de la glace étaient ramenées aux cuisiniers pour le repas du soir.
Water of ys is teruggedra na die kokke vir die aandete.
Les chiens ont été nourris et c'était le meilleur moment de la journée pour eux.
Die honde is gevoer, en dit was die beste deel van die dag vir hulle.
Après avoir mangé du poisson, les chiens se sont détendus et se sont allongés près du feu.
Nadat hulle vis geëet het, het die honde ontspan en naby die vuur gelê.
Il y avait une centaine d'autres chiens dans le convoi avec lesquels se mêler.

Daar was 'n honderd ander honde in die konvooi om mee te meng.

Beaucoup de ces chiens étaient féroces et prompts à se battre sans prévenir.

Baie van daardie honde was fel en vinnig om sonder waarskuwing te baklei.

Mais après trois victoires, Buck a maîtrisé même les combattants les plus féroces.

Maar ná drie oorwinnings het Buck selfs die felste vegters bemeester.

Maintenant, quand Buck grogna et montra ses dents, ils s'écartèrent.

Nou toe Buck grom en sy tande wys, het hulle opsy gestap.

Mais le plus beau dans tout ça, c'est que Buck aimait s'allonger près du feu de camp vacillant.

Miskien die beste van alles was dat Buck daarvan gehou het om naby die flikkerende kampvuur te lê.

Il s'accroupit, les pattes arrière repliées et les pattes avant tendues vers l'avant.

Hy het gehurk met agterpote ingetrek en voorpote vorentoe gestrek.

Sa tête était levée tandis qu'il cligna doucement des yeux devant les flammes rougeoyantes.

Sy kop was opgelig terwyl hy saggies na die gloeiende vlamme geknipper het.

Parfois, il se souvenait de la grande maison du juge Miller à Santa Clara.

Soms het hy Regter Miller se groot huis in Santa Clara onthou.

Il pensait à la piscine en ciment, à Ysabel et au carlin appelé Toots.

Hy het aan die sementpoel gedink, aan Ysabel, en die mopshond met die naam Toots.

Mais le plus souvent, il se souvenait du club de l'homme au pull rouge.

Maar meer dikwels het hy die man met die rooi trui se knuppel onthou.

Il se souvenait de la mort de Curly et de sa bataille acharnée contre Spitz.
Hy het Curly se dood en sy hewige stryd met Spitz onthou.

Il se souvenait aussi des bons plats qu'il avait mangés ou dont il rêvait encore.
Hy het ook die goeie kos onthou wat hy geëet het of nog van gedroom het.

Buck n'avait pas le mal du pays : la vallée chaude était lointaine et irréelle.
Buck het nie heimwee gehad nie—die warm vallei was ver en onwerklik.

Les souvenirs de Californie n'avaient plus vraiment d'influence sur lui.
Herinneringe aan Kalifornië het hom nie meer werklik aangetrek nie.

Plus forts que la mémoire étaient les instincts profondément ancrés dans sa lignée.
Sterker as geheue was instinkte diep in sy bloedlyn.

Les habitudes autrefois perdues étaient revenues, ravivées par le sentier et la nature sauvage.
Gewoontes wat eens verlore was, het teruggekeer, herleef deur die roete en die wildernis.

Tandis que Buck regardait la lumière du feu, cela devenait parfois autre chose.
Terwyl Buck na die vuurlig gekyk het, het dit soms iets anders geword.

Il vit à la lueur du feu un autre feu, plus vieux et plus profond que celui-ci.
Hy het in die vuurlig 'n ander vuur gesien, ouer en dieper as die huidige een.

À côté de cet autre feu se tenait accroupi un homme qui ne ressemblait pas au cuisinier métis.
Langs daardie ander vuur het 'n man gehurk, anders as die halfbloedkok.

Cette figurine avait des jambes courtes, de longs bras et des muscles durs et noués.

Hierdie figuur het kort bene, lang arms en harde, geknoopte spiere gehad.

Ses cheveux étaient longs et emmêlés, tombant en arrière à partir des yeux.

Sy hare was lank en verward, en het agteroor van die oë af gehang.

Il émit des sons étranges et regarda l'obscurité avec peur.

Hy het vreemde geluide gemaak en vreesbevange na die donkerte gestaar.

Il tenait une massue en pierre basse, fermement serrée dans sa longue main rugueuse.

Hy het 'n klippenknuppel laag gehou, styf vasgegryp in sy lang growwe hand.

L'homme portait peu de vêtements ; juste une peau carbonisée qui pendait dans son dos.

Die man het min aangehad; net 'n verkoolde vel wat oor sy rug gehang het.

Son corps était couvert de poils épais sur les bras, la poitrine et les cuisses.

Sy lyf was bedek met dik hare oor sy arms, bors en dye.

Certaines parties des cheveux étaient emmêlées en plaques de fourrure rugueuse.

Sommige dele van die hare was verstrengel in kolle growwe pels.

Il ne se tenait pas droit mais penché en avant des hanches jusqu'aux genoux.

Hy het nie regop gestaan nie, maar vooroor gebuig van die heupe tot die knieë.

Ses pas étaient élastiques et félins, comme s'il était toujours prêt à bondir.

Sy treë was veerkragtig en katagtig, asof hy altyd gereed was om te spring.

Il y avait une vive vigilance, comme s'il vivait dans une peur constante.

Daar was 'n skerp waaksaamheid, asof hy in voortdurende vrees geleef het.

Cet homme ancien semblait s'attendre au danger, que le danger soit perçu ou non.
Hierdie antieke man het blykbaar gevaar verwag, of die gevaar nou gesien is of nie.

Parfois, l'homme poilu dormait près du feu, la tête entre les jambes.
Soms het die harige man by die vuur geslaap, kop tussen sy bene ingesteek.

Ses coudes reposaient sur ses genoux, ses mains jointes au-dessus de sa tête.
Sy elmboë het op sy knieë gerus, hande bo sy kop vasgevou.

Comme un chien, il utilisait ses bras velus pour se débarrasser de la pluie qui tombait.
Soos 'n hond het hy sy harige arms gebruik om die vallende reën af te gooi.

Au-delà de la lumière du feu, Buck vit deux charbons jumeaux briller dans l'obscurité.
Verby die vuurlig het Buck twee kole in die donker sien gloei.

Toujours deux par deux, ils étaient les yeux des bêtes de proie traquantes.
Altyd twee-twee, was hulle die oë van bekruipende roofdiere.

Il entendit des corps s'écraser à travers les broussailles et des bruits se faire entendre dans la nuit.
Hy het liggame deur bosse hoor bots en geluide in die nag hoor maak.

Allongé sur la rive du Yukon, clignant des yeux, Buck rêvait près du feu.
Terwyl hy op die Yukon-oewer gelê het, en sy oë geknip het, het Buck by die vuur gedroom.

Les images et les sons de ce monde sauvage lui faisaient dresser les cheveux sur la tête.
Die besienswaardighede en geluide van daardie wilde wêreld het sy hare laat regop staan.

La fourrure s'élevait le long de son dos, de ses épaules et de son cou.
Die pels het langs sy rug, sy skouers en teen sy nek opgerys.

Il gémissait doucement ou émettait un grognement sourd au plus profond de sa poitrine.
Hy het saggies gekreun of 'n lae grom diep in sy bors gegee.
Alors le cuisinier métis cria : « Hé, toi Buck, réveille-toi ! »
Toe skree die halfbloedkok: "Haai, jy Buck, word wakker!"
Le monde des rêves a disparu et la vraie vie est revenue aux yeux de Buck.
Die droomwêreld het verdwyn, en die werklike lewe het teruggekeer in Buck se oë.
Il allait se lever, s'étirer et bâiller, comme s'il venait de se réveiller d'une sieste.
Hy wou opstaan, strek en gaap, asof hy uit 'n middagslapie wakker gemaak is.
Le voyage était difficile, avec le traîneau postal qui traînait derrière eux.
Die reis was moeilik, met die posslee wat agter hulle gesleep het.
Les lourdes charges et le travail pénible épuisaient les chiens à chaque longue journée.
Swaar vragte en harde werk het die honde elke lang dag uitgeput.
Ils arrivèrent à Dawson maigres, fatigués et ayant besoin de plus d'une semaine de repos.
Hulle het Dawson maer, moeg en met meer as 'n week se rus aangekom.
Mais seulement deux jours plus tard, ils repartaient sur le Yukon.
Maar net twee dae later het hulle weer die Yukon afgevaar.
Ils étaient chargés de lettres supplémentaires destinées au monde extérieur.
Hulle was gelaai met meer briewe wat na die buitewêreld bestem was.
Les chiens étaient épuisés et les hommes se plaignaient constamment.
Die honde was uitgeput en die mans het aanhoudend gekla.
La neige tombait tous les jours, ramollissant le sentier et ralentissant les traîneaux.

Sneeu het elke dag geval, die roete versag en die sleeë vertraag.
Cela a rendu la traction plus difficile et a entraîné plus de traînée sur les patins.
Dit het veroorsaak dat die hardlopers harder trek en meer weerstand bied.
Malgré cela, les pilotes étaient justes et se souciaient de leurs équipes.
Ten spyte daarvan was die bestuurders regverdig en het hulle vir hul spanne omgegee.
Chaque nuit, les chiens étaient nourris avant que les hommes ne puissent manger.
Elke aand is die honde gevoer voordat die mans kon eet.
Aucun homme ne dormait avant de vérifier les pattes de son propre chien.
Geen man het geslaap voordat hy nie sy eie hond se pote nagegaan het nie.
Cependant, les chiens s'affaiblissaient à mesure que les kilomètres s'écoulaient sur leur corps.
Tog het die honde swakker geword soos die kilometers aan hul liggame gedra het.
Ils avaient parcouru mille huit cents kilomètres pendant l'hiver.
Hulle het agtienhonderd myl deur die winter gereis.
Ils ont tiré des traîneaux sur chaque kilomètre de cette distance brutale.
Hulle het sleeë oor elke myl van daardie brutale afstand getrek.
Même les chiens de traîneau les plus robustes ressentent de la tension après tant de kilomètres.
Selfs die taaiste sleehonde voel spanning na soveel kilometers.
Buck a tenu bon, a permis à son équipe de travailler et a maintenu la discipline.
Buck het vasgehou, sy span aan die werk gehou en dissipline gehandhaaf.
Mais Buck était fatigué, tout comme les autres pendant le long voyage.

Maar Buck was moeg, net soos die ander op die lang reis.
Billee gémissait et pleurait dans son sommeil chaque nuit sans faute.
Billee het elke nag sonder uitsondering in sy slaap gekreun en gehuil.
Joe devint encore plus amer et Solleks resta froid et distant.
Joe het selfs meer bitter geword, en Solleks het koud en afsydig gebly.
Mais c'est Dave qui a le plus souffert de toute l'équipe.
Maar dit was Dave wat die ergste van die hele span gely het.
Quelque chose n'allait pas en lui, même si personne ne savait quoi.
Iets het binne hom verkeerd geloop, hoewel niemand geweet het wat nie.
Il est devenu de plus en plus maussade et s'en est pris aux autres avec une colère croissante.
Hy het humeuriger geword en met toenemende woede na ander uitgevaar.
Chaque nuit, il se rendait directement à son nid, attendant d'être nourri.
Elke aand het hy reguit na sy nes gegaan en gewag om gevoer te word.
Une fois tombé, Dave ne s'est pas relevé avant le matin.
Toe hy eers onder was, het Dave eers die oggend weer opgestaan.
Sur les rênes, des secousses ou des sursauts brusques le faisaient crier de douleur.
Aan die teuels het skielike rukke of skrikke hom van pyn laat uitroep.
Son chauffeur a recherché la cause du sinistre, mais n'a constaté aucune blessure.
Sy bestuurder het na die oorsaak gesoek, maar geen beserings aan hom gevind nie.
Tous les conducteurs ont commencé à regarder Dave et ont discuté de son cas.
Al die bestuurders het Dave begin dophou en sy saak bespreek.

Ils ont discuté pendant les repas et pendant leur dernière cigarette de la journée.
Hulle het tydens etes en tydens hul laaste rook van die dag gepraat.
Une nuit, ils ont tenu une réunion et ont amené Dave au feu.
Een aand het hulle 'n vergadering gehou en Dave na die vuur gebring.
Ils pressèrent et sondèrent son corps, et il cria souvent.
Hulle het sy liggaam gedruk en ondersoek, en hy het dikwels uitgeroep.
De toute évidence, quelque chose n'allait pas, même si aucun os ne semblait cassé.
Dit was duidelik dat iets verkeerd was, alhoewel geen bene gebreek gelyk het nie.
Au moment où ils atteignirent Cassiar Bar, Dave était en train de tomber.
Teen die tyd dat hulle by Cassiar Bar aankom, het Dave begin val.
Le métis écossais a appelé à la fin et a retiré Dave de l'équipe.
Die Skotse halfbloed het halt geroep en Dave uit die span verwyder.
Il a attaché Solleks à la place de Dave, le plus près de l'avant du traîneau.
Hy het Solleks in Dave se plek vasgemaak, naaste aan die slee se voorkant.
Il avait l'intention de laisser Dave se reposer et courir librement derrière le traîneau en mouvement.
Hy wou Dave laat rus en vry agter die bewegende slee laat hardloop.
Mais même malade, Dave détestait être privé du travail qu'il avait occupé.
Maar selfs siek, het Dave gehaat om van die werk wat hy gehad het, weggeneem te word.
Il grogna et gémit tandis que les rênes étaient retirées de son corps.
Hy het gegrom en gekerm toe die teuels van sy lyf af getrek is.

Quand il vit Solleks à sa place, il pleura de douleur.
Toe hy Solleks in sy plek sien, het hy van gebroke hartseer gehuil.

La fierté du travail sur les sentiers était profonde chez Dave, même à l'approche de la mort.
Die trots van roetewerk was diep in Dave, selfs toe die dood nader kom.

Alors que le traîneau se déplaçait, Dave pataugeait dans la neige molle près du sentier.
Terwyl die slee beweeg het, het Dave deur sagte sneeu naby die roete gestruikel.

Il a attaqué Solleks, le mordant et le poussant du côté du traîneau.
Hy het Solleks aangeval, hom van die slee se kant af gebyt en gestoot.

Dave a essayé de sauter dans le harnais et de récupérer sa place de travail.
Dave het probeer om in die harnas te spring en sy werkplek terug te eis.

Il hurlait, gémissait et pleurait, déchiré entre la douleur et la fierté du travail.
Hy het gegil, gekerm en gehuil, verskeur tussen pyn en trots in arbeid.

Le métis a utilisé son fouet pour essayer de chasser Dave de l'équipe.
Die halfbloed het sy sweep gebruik om Dave van die span af te probeer wegdryf.

Mais Dave ignora le coup de fouet, et l'homme ne put pas le frapper plus fort.
Maar Dave het die hou geïgnoreer, en die man kon hom nie harder slaan nie.

Dave a refusé le chemin le plus facile derrière le traîneau, où la neige était tassée.
Dave het die makliker pad agter die slee geweier, waar die sneeu vasgepak was.

Au lieu de cela, il se débattait dans la neige profonde à côté du sentier, dans la misère.

In plaas daarvan het hy in die diep sneeu langs die paadjie gesukkel, in ellende.

Finalement, Dave s'est effondré, allongé dans la neige et hurlant de douleur.

Uiteindelik het Dave ineengestort, in die sneeu gelê en van die pyn gehuil.

Il cria tandis que le long train de traîneaux le dépassait un par un.

Hy het uitgeroep toe die lang trein sleeë een vir een verby hom ry.

Pourtant, avec ce qu'il lui restait de force, il se leva et trébucha après eux.

Tog, met die oorblywende krag, het hy opgestaan en agter hulle aan gestruikel.

Il l'a rattrapé lorsque le train s'est arrêté à nouveau et a retrouvé son vieux traîneau.

Hy het ingehaal toe die trein weer stilhou en sy ou slee gevind.

Il a dépassé les autres équipes et s'est retrouvé à nouveau aux côtés de Solleks.

Hy het verby die ander spanne gestruikel en weer langs Solleks gaan staan.

Alors que le conducteur s'arrêtait pour allumer sa pipe, Dave saisit sa dernière chance.

Toe die bestuurder stilhou om sy pyp aan te steek, het Dave sy laaste kans gewaag.

Lorsque le chauffeur est revenu et a crié, l'équipe n'a pas avancé.

Toe die bestuurder terugkeer en skree, het die span nie vorentoe beweeg nie.

Les chiens avaient tourné la tête, déconcertés par l'arrêt soudain.

Die honde het hul koppe gedraai, verward deur die skielike stilstand.

Le conducteur était également choqué : le traîneau n'avait pas avancé d'un pouce.

Die bestuurder was ook geskok — die slee het nie 'n duim vorentoe beweeg nie.
Il a appelé les autres pour qu'ils viennent voir ce qui s'était passé.
Hy het na die ander geroep om te kom kyk wat gebeur het.
Dave avait mâché les rênes de Solleks, les brisant toutes les deux.
Dave het deur Solleks se teuels gekou en albei uitmekaar gebreek.
Il se tenait maintenant devant le traîneau, de retour à sa position légitime.
Nou het hy voor die slee gestaan, terug in sy regmatige posisie.
Dave leva les yeux vers le conducteur, le suppliant silencieusement de rester dans les traces.
Dave het na die bestuurder opgekyk en stilweg gesmeek om in die spore te bly.
Le conducteur était perplexe, ne sachant pas quoi faire pour le chien en difficulté.
Die bestuurder was verward, onseker oor wat om vir die sukkelende hond te doen.
Les autres hommes parlaient de chiens qui étaient morts après avoir été emmenés dehors.
Die ander mans het gepraat van honde wat gevrek het omdat hulle uitgehaal is.
Ils ont parlé de chiens âgés ou blessés dont le cœur se brisait lorsqu'ils étaient abandonnés.
Hulle het vertel van ou of beseerde honde wie se harte gebreek het toe hulle agtergelaat is.
Ils ont convenu que c'était une preuve de miséricorde de laisser Dave mourir alors qu'il était encore dans son harnais.
Hulle het ooreengekom dat dit genade was om Dave te laat sterf terwyl hy nog in sy harnas was.
Il était attaché au traîneau et Dave tirait avec fierté.
Hy was terug op die slee vasgemaak, en Dave het met trots getrek.

Même s'il criait parfois, il travaillait comme si la douleur pouvait être ignorée.
Alhoewel hy soms uitgeroep het, het hy gewerk asof pyn geïgnoreer kon word.
Plus d'une fois, il est tombé et a été traîné avant de se relever.
Meer as een keer het hy geval en is hy gesleep voordat hy weer opgestaan het.
Un jour, le traîneau l'a écrasé et il a boité à partir de ce moment-là.
Eenkeer het die slee oor hom gerol, en hy het van daardie oomblik af mank geloop.
Il travailla néanmoins jusqu'à ce qu'il atteigne le camp, puis s'allongea près du feu.
Tog het hy gewerk totdat hy die kamp bereik het, en toe by die vuur gelê.
Le matin, Dave était trop faible pour voyager ou même se tenir debout.
Teen die oggend was Dave te swak om te reis of selfs regop te staan.
Au moment de l'attelage, il essaya d'atteindre son conducteur avec un effort tremblant.
Met die aanbring van die harnas het hy met bewerige inspanning probeer om sy bestuurder te bereik.
Il se força à se relever, tituba et s'effondra sur le sol enneigé.
Hy het homself orent gedwing, gestruikel en op die sneeubedekte grond ineengestort.
À l'aide de ses pattes avant, il a traîné son corps vers la zone de harnais.
Met sy voorpote het hy sy lyf na die harnasarea gesleep.
Il s'avança, pouce par pouce, vers les chiens de travail.
Hy het homself vorentoe gehaak, duim vir duim, na die werkhonde toe.
Ses forces l'abandonnèrent, mais il continua d'avancer dans sa dernière poussée désespérée.
Sy krag het opgegee, maar hy het aangehou beweeg in sy laaste desperate stoot.

Ses coéquipiers l'ont vu haleter dans la neige, impatients de les rejoindre.
Sy spanmaats het hom in die sneeu sien hyg, steeds verlangend om by hulle aan te sluit.

Ils l'entendirent hurler de tristesse alors qu'ils quittaient le camp.
Hulle het hom hoor huil van droefheid toe hulle die kamp agterlaat.

Alors que l'équipe disparaissait dans les arbres, le cri de Dave résonna derrière eux.
Terwyl die span in die bome verdwyn het, het Dave se geroep agter hulle weergalm.

Le train de traîneaux s'est brièvement arrêté après avoir traversé un tronçon de forêt fluviale.
Die sleetrein het kortliks stilgehou nadat dit 'n stuk rivierhout oorgesteek het.

Le métis écossais retourna lentement vers le camp situé derrière lui.
Die Skotse halfbloed het stadig teruggeloop na die kamp agter.

Les hommes ont arrêté de parler quand ils l'ont vu quitter le train de traîneaux.
Die mans het opgehou praat toe hulle hom die sleetrein sien verlaat.

Puis un coup de feu retentit clairement et distinctement de l'autre côté du sentier.
Toe het 'n enkele geweerskoot helder en skerp oor die paadjie geklink.

L'homme revint rapidement et reprit sa place sans un mot.
Die man het vinnig teruggekeer en sonder 'n woord sy plek ingeneem.

Les fouets claquaient, les cloches tintaient et les traîneaux roulaient dans la neige.
Swepe het geklap, klokke het geklingel, en die slee het deur die sneeu gerol.

Mais Buck savait ce qui s'était passé, et tous les autres chiens aussi.

Maar Buck het geweet wat gebeur het — en so ook elke ander hond.

Le travail des rênes et du sentier
Die Swoeg van Teuels en Roete

Trente jours après avoir quitté Dawson, le Salt Water Mail atteignit Skaguay.
Dertig dae nadat hulle Dawson verlaat het, het die Salt Water Mail Skaguay bereik.
Buck et ses coéquipiers ont pris la tête, arrivant dans un état pitoyable.
Buck en sy spanmaats het die voortou geneem en in 'n jammerlike toestand aangekom.
Buck était passé de cent quarante à cent quinze livres.
Buck het van honderdveertig na honderdvyftien pond verloor.
Les autres chiens, bien que plus petits, avaient perdu encore plus de poids.
Die ander honde, hoewel kleiner, het selfs meer liggaamsgewig verloor.
Pike, autrefois un faux boiteux, traînait désormais derrière lui une jambe véritablement blessée.
Pike, eens 'n vals mankloper, het nou 'n werklik beseerde been agter hom gesleep.
Solleks boitait beaucoup et Dub avait une omoplate déchirée.
Solleks het erg mank geloop, en Dub het 'n geskeerde skouerblad gehad.
Tous les chiens de l'équipe avaient mal aux pieds après des semaines passées sur le sentier gelé.
Elke hond in die span was seer van weke op die bevrore roete.
Ils n'avaient plus aucun ressort dans leurs pas, seulement un mouvement lent et traînant.
Hulle het geen veerkrag meer in hul stappe gehad nie, net stadige, sleepende beweging.

Leurs pieds heurtent durement le sentier, chaque pas ajoutant plus de tension à leur corps.
Hul voete tref die paadjie hard, elke tree plaas meer spanning op hul liggame.

Ils n'étaient pas malades, seulement épuisés au-delà de toute guérison naturelle.
Hulle was nie siek nie, net uitgeput tot onopvallende natuurlike herstel.

Ce n'était pas la fatigue d'une dure journée, guérie par une nuit de repos.
Dit was nie moegheid van een harde dag, genees met 'n nagrus nie.

C'était un épuisement qui s'était construit lentement au fil de mois d'efforts épuisants.
Dit was uitputting wat stadig opgebou is deur maande se uitmergelende inspanning.

Il ne leur restait plus aucune force de réserve : ils avaient épuisé toutes leurs forces.
Geen reserwekrag het oorgebly nie—hulle het elke bietjie wat hulle gehad het, opgebruik.

Chaque muscle, chaque fibre et chaque cellule de leur corps étaient épuisés et usés.
Elke spier, vesel en sel in hulle liggame was uitgeput en afgetakel.

Et il y avait une raison : ils avaient parcouru deux mille cinq cents kilomètres.
En daar was 'n rede—hulle het vyf-en-twintig honderd myl afgelê.

Ils ne s'étaient reposés que cinq jours au cours des mille huit cents derniers kilomètres.
Hulle het slegs vyf dae gerus gedurende die laaste agtienhonderd myl.

Lorsqu'ils arrivèrent à Skaguay, ils semblaient à peine capables de se tenir debout.
Toe hulle Skaguay bereik, het dit gelyk of hulle skaars regop kon staan.

Ils ont lutté pour garder les rênes serrées et rester devant le traîneau.
Hulle het gesukkel om die teuels styf te hou en voor die slee te bly.
Dans les descentes, ils ont tout juste réussi à éviter d'être écrasés.
Op afdraandes het hulle net daarin geslaag om te vermy om omgery te word.
« Continuez, pauvres pieds endoloris », dit le chauffeur tandis qu'ils boitaient.
"Marsjeer aan, arme seer voete," het die bestuurder gesê terwyl hulle mank gery het.
« C'est la dernière ligne droite, après quoi nous aurons tous droit à un long repos, c'est sûr. »
"Dis die laaste stuk, dan kry ons almal verseker een lang ruskans."
« Un très long repos », promit-il en les regardant avancer en titubant.
"Een werklik lang ruskans," het hy belowe terwyl hy hulle dopgehou het terwyl hulle vorentoe strompel.
Les pilotes s'attendaient à bénéficier d'une longue pause bien méritée.
Die bestuurders het verwag dat hulle nou 'n lang, nodige blaaskans sou kry.
Ils avaient parcouru douze cents milles avec seulement deux jours de repos.
Hulle het twaalfhonderd myl afgelê met slegs twee dae se rus.
Par souci d'équité et de raison, ils estimaient avoir mérité un temps de détente.
Uit billikheid en rede het hulle gevoel dat hulle tyd verdien het om te ontspan.
Mais trop de gens étaient venus au Klondike et trop peu étaient restés chez eux.
Maar te veel het na die Klondike gekom, en te min het tuis gebly.
Les lettres des familles ont afflué, créant des piles de courrier en retard.

Briewe van families het ingestroom, wat hope vertraagde pos veroorsaak het.
Les ordres officiels sont arrivés : de nouveaux chiens de la Baie d'Hudson allaient prendre le relais.
Amptelike bevele het aangekom—nuwe Hudsonbaai-honde sou oorneem.
Les chiens épuisés, désormais considérés comme sans valeur, devaient être éliminés.
Die uitgeputte honde, nou as waardeloos beskou, moes van die hand gesit word.
Comme l'argent comptait plus que les chiens, ils allaient être vendus à bas prix.
Aangesien geld meer as honde saak gemaak het, sou hulle goedkoop verkoop word.
Trois jours supplémentaires passèrent avant que les chiens ne ressentent à quel point ils étaient faibles.
Nog drie dae het verbygegaan voordat die honde gevoel het hoe swak hulle was.
Le quatrième matin, deux hommes venus des États-Unis ont acheté toute l'équipe.
Op die vierde oggend het twee mans van die State die hele span gekoop.
La vente comprenait tous les chiens, ainsi que leur harnais usagé.
Die verkoop het al die honde ingesluit, plus hul verslete harnastoerusting.
Les hommes s'appelaient mutuellement « Hal » et « Charles » lorsqu'ils concluaient l'affaire.
Die mans het mekaar "Hal" en "Charles" genoem terwyl hulle die transaksie voltooi het.
Charles était d'âge moyen, pâle, avec des lèvres molles et des pointes de moustache féroces.
Charles was middeljarig, bleek, met slap lippe en woeste snorpunte.
Hal était un jeune homme, peut-être âgé de dix-neuf ans, portant une ceinture bourrée de cartouches.

Hal was 'n jong man, miskien negentien, met 'n gordel vol patroon.
La ceinture contenait un gros revolver et un couteau de chasse, tous deux inutilisés.
Die gordel het 'n groot rewolwer en 'n jagmes bevat, albei ongebruik.
Cela a montré à quel point il était inexpérimenté et inapte à la vie dans le Nord.
Dit het getoon hoe onervare en ongeskik hy was vir die noordelike lewe.
Aucun des deux hommes n'appartenait à la nature sauvage ; leur présence défiait toute raison.
Nie een van die manne het in die natuur hoort nie; hul teenwoordigheid het alle rede getrotseer.
Buck a regardé l'argent échanger des mains entre l'acheteur et l'agent.
Buck het gekyk hoe geld tussen koper en agent oorgedra is.
Il savait que les conducteurs du train postal allaient le quitter comme les autres.
Hy het geweet die postreindrywers verlaat sy lewe soos die res.
Ils suivirent Perrault et François, désormais irrévocables.
Hulle het Perrault en François gevolg, nou onherroeplik.
Buck et l'équipe ont été conduits dans le camp négligé de leurs nouveaux propriétaires.
Buck en die span is na hul nuwe eienaars se slordige kamp gelei.
La tente s'affaissait, la vaisselle était sale et tout était en désordre.
Die tent het gesak, die skottelgoed was vuil, en alles het in wanorde gelê.
Buck remarqua également une femme : Mercedes, la femme de Charles et la sœur de Hal.
Buck het ook 'n vrou daar opgemerk — Mercedes, Charles se vrou en Hal se suster.
Ils formaient une famille complète, bien que loin d'être adaptée au sentier.

Hulle het 'n volledige gesin gemaak, alhoewel glad nie geskik vir die roete nie.

Buck regarda nerveusement le trio commencer à emballer les fournitures.

Buck het senuweeagtig gekyk terwyl die drietal die voorraad begin pak het.

Ils ont travaillé dur mais sans ordre, juste du grabuge et des efforts gaspillés.

Hulle het hard gewerk, maar sonder orde—net ophef en vermorste moeite.

La tente a été roulée dans une forme volumineuse, beaucoup trop grande pour le traîneau.

Die tent was in 'n lywige vorm opgerol, heeltemal te groot vir die slee.

La vaisselle sale a été emballée sans avoir été nettoyée ni séchée du tout.

Vuil skottelgoed is verpak sonder om glad nie skoongemaak of gedroog te word nie.

Mercedes voltigeait, parlant constamment, corrigeant et intervenant.

Mercedes het rondgefladder, aanhoudend gepraat, reggestel en ingemeng.

Lorsqu'un sac était placé à l'avant, elle insistait pour qu'il soit placé à l'arrière.

Toe 'n sak voor geplaas is, het sy daarop aangedring dat dit agterop geplaas word.

Elle a mis le sac au fond, et l'instant d'après, elle en avait besoin.

Sy het die sak onderin gepak, en die volgende oomblik het sy dit nodig gehad.

Le traîneau a donc été déballé à nouveau pour atteindre le sac spécifique.

So is die slee weer uitgepak om by die een spesifieke sak uit te kom.

À proximité, trois hommes se tenaient devant une tente, observant la scène se dérouler.

Daar naby het drie mans buite 'n tent gestaan en die toneel dopgehou.

Ils souriaient, faisaient des clins d'œil et souriaient à la confusion évidente des nouveaux arrivants.

Hulle het geglimlag, geknipoog en geglimlag vir die nuwelinge se ooglopende verwarring.

« Vous avez déjà une charge très lourde », dit l'un des hommes.

"Jy het reeds 'n baie swaar vrag," het een van die mans gesê.

« Je ne pense pas que tu devrais porter cette tente, mais c'est ton choix. »

"Ek dink nie jy moet daardie tent dra nie, maar dis jou keuse."

« Inimaginable ! » s'écria Mercedes en levant les mains de désespoir.

"Ongedroomd!" roep Mercedes uit en gooi haar hande in wanhoop in die lug.

« Comment pourrais-je voyager sans une tente sous laquelle dormir ? »

"Hoe kan ek moontlik reis sonder 'n tent om onder te bly?"

« C'est le printemps, vous ne verrez plus jamais de froid », répondit l'homme.

"Dis lentetyd—jy sal nie weer koue weer sien nie," het die man geantwoord.

Mais elle secoua la tête et ils continuèrent à empiler des objets sur le traîneau.

Maar sy het haar kop geskud, en hulle het aangehou om items op die slee te stapel.

La charge s'élevait dangereusement alors qu'ils ajoutaient les dernières choses.

Die vrag het gevaarlik hoog getoorn toe hulle die laaste dinge bygevoeg het.

« Tu penses que le traîneau va rouler ? » demanda l'un des hommes avec un regard sceptique.

"Dink jy die slee sal ry?" het een van die mans met 'n skeptiese uitdrukking gevra.

« Pourquoi pas ? » rétorqua Charles, vivement agacé.

"Waarom nie?" het Charles met skerp ergernis teruggekap.

« Oh, ce n'est pas grave », dit rapidement l'homme, s'éloignant de l'offense.

"O, dis reg so," het die man vinnig gesê en van die aanstoot teruggedeins.

« Je me demandais juste – ça me semblait un peu trop lourd. »

"Ek het net gewonder—dit het net vir my 'n bietjie te swaar bo-op gelyk."

Charles se détourna et attacha la charge du mieux qu'il put.

Charles het weggedraai en die vrag so goed as wat hy kon vasgemaak.

Mais les attaches étaient lâches et l'emballage mal fait dans l'ensemble.

Maar die vasmaakplekke was los en die verpakking oor die algemeen swak gedoen.

« **Bien sûr, les chiens tireront ça toute la journée** », a dit un autre homme avec sarcasme.

"Natuurlik, die honde sal dit heeldag trek," het 'n ander man sarkasties gesê.

« **Bien sûr** », répondit froidement Hal en saisissant le long mât du traîneau.

"Natuurlik," antwoord Hal koud en gryp die slee se lang geestok.

D'une main sur le poteau, il faisait tournoyer le fouet dans l'autre.

Met een hand aan die paal het hy die sweep in die ander geswaai.

« **Allons-y !** » cria-t-il. « **Allez !** » exhortant les chiens à démarrer.

"Kom ons gaan!" het hy geskree. "Beweeg dit!" en die honde aangespoor om te begin.

Les chiens se sont penchés sur le harnais et ont tendu pendant quelques instants.

Die honde het in die harnas geleun en vir 'n paar oomblikke gespanne geraak.

Puis ils s'arrêtèrent, incapables de déplacer d'un pouce le traîneau surchargé.

Toe het hulle stilgehou, nie in staat om die oorlaaide slee 'n duim te beweeg nie.

« Ces brutes paresseuses ! » hurla Hal en levant le fouet pour les frapper.

"Die lui brute diere!" het Hal geskree en die sweep opgelig om hulle te slaan.

Mais Mercedes s'est précipitée et a saisi le fouet des mains de Hal.

Maar Mercedes het ingestorm en die sweep uit Hal se hande gegryp.

« Oh, Hal, n'ose pas leur faire de mal », s'écria-t-elle, alarmée.

"Ag, Hal, moenie dit waag om hulle seer te maak nie," het sy verskrik uitgeroep.

« Promets-moi que tu seras gentil avec eux, sinon je n'irai pas plus loin. »

"Beloof my dat jy goedhartig teenoor hulle sal wees, anders gaan ek nie verder nie."

« Tu ne connais rien aux chiens », lança Hal à sa sœur.

"Jy weet niks van honde af nie," het Hal vir sy suster gesê.

« Ils sont paresseux, et la seule façon de les déplacer est de les fouetter. »

"Hulle is lui, en die enigste manier om hulle te beweeg, is om hulle te slaan."

« Demandez à n'importe qui, demandez à l'un de ces hommes là-bas si vous doutez de moi. »

"Vra enigiemand — vra een van daardie mans daar oorkant as jy aan my twyfel."

Mercedes regarda les spectateurs avec des yeux suppliants et pleins de larmes.

Mercedes het die omstanders met smekende, tranerige oë aangekyk.

Son visage montrait à quel point elle détestait la vue de la douleur.

Haar gesig het getoon hoe diep sy die aanskoue van enige pyn gehaat het.

« Ils sont faibles, c'est tout », dit un homme. « Ils sont épuisés. »

"Hulle is swak, dis al," het een man gesê. "Hulle is uitgeput."

« Ils ont besoin de repos, ils ont travaillé trop longtemps sans pause. »

"Hulle het rus nodig — hulle is te lank sonder 'n pouse gewerk."

« Que le repos soit maudit », murmura Hal, la lèvre retroussée.

"Mag die res vervloek wees," mompel Hal met sy lip opgetrek.

Mercedes haleta, clairement peinée par ce mot grossier de sa part.

Mercedes het na haar asem gesnak, duidelik pynlik oor die growwe woord van hom.

Pourtant, elle est restée loyale et a immédiatement défendu son frère.

Tog het sy lojaal gebly en haar broer onmiddellik verdedig.

« Ne fais pas attention à cet homme », dit-elle à Hal. « Ce sont nos chiens. »

"Moenie jou aan daardie man steur nie," het sy vir Hal gesê. "Hulle is ons honde."

« Vous les conduisez comme bon vous semble, faites ce que vous pensez être juste. »

"Jy bestuur hulle soos jy goeddink — doen wat jy dink reg is."

Hal leva le fouet et frappa à nouveau les chiens sans pitié.

Hal het die sweep opgelig en die honde weer sonder genade geslaan.

Ils se sont précipités en avant, le corps bas, les pieds poussant dans la neige.

Hulle het vorentoe gestorm, liggame laag, voete in die sneeu gedruk.

Toutes leurs forces étaient utilisées pour tirer, mais le traîneau ne bougeait pas.

Al hulle krag het in die trekkrag gegaan, maar die slee het nie beweeg nie.

Le traîneau est resté coincé, comme une ancre figée dans la neige tassée.

Die slee het vasgesteek, soos 'n anker wat in die gepakte sneeu gevries is.

Après un deuxième effort, les chiens s'arrêtèrent à nouveau, haletants.

Na 'n tweede poging het die honde weer gestop, hard hyggend.

Hal leva à nouveau le fouet, juste au moment où Mercedes intervenait à nouveau.

Hal het die sweep weer eens gelig, net toe Mercedes weer inmeng.

Elle tomba à genoux devant Buck et lui serra le cou.

Sy het voor Buck op haar knieë geval en sy nek omhels.

Les larmes lui montèrent aux yeux tandis qu'elle suppliait le chien épuisé.

Trane het haar oë gevul terwyl sy die uitgeputte hond gesmeek het.

« Pauvres chéris », dit-elle, « pourquoi ne tirez-vous pas plus fort ? »

"Julle arme dierbares," het sy gesê, "hoekom trek julle nie net harder nie?"

« Si tu tires, tu ne seras pas fouetté comme ça. »

"As jy trek, sal jy nie so geslaan word nie."

Buck n'aimait pas Mercedes, mais il était trop fatigué pour lui résister maintenant.

Buck het nie van Mercedes gehou nie, maar hy was te moeg om haar nou te weerstaan.

Il accepta ses larmes comme une simple partie de cette journée misérable.

Hy het haar trane as net nog 'n deel van die ellendige dag aanvaar.

L'un des hommes qui regardaient a finalement parlé après avoir retenu sa colère.

Een van die mans wat toekyk, het uiteindelik gepraat nadat hy sy woede onderdruk het.

« Je me fiche de ce qui vous arrive, mais ces chiens comptent. »

"Ek gee nie om wat met julle gebeur nie, maar daardie honde maak saak."

« Si vous voulez aider, détachez ce traîneau, il est gelé dans la neige. »

"As jy wil help, breek daardie slee los — dis vasgevries tot die sneeu."

« Appuyez fort sur la perche, à droite et à gauche, et brisez le sceau de glace. »

"Druk hard op die gee-paal, regs en links, en breek die ysseël."

Une troisième tentative a été faite, cette fois-ci suite à la suggestion de l'homme.

'n Derde poging is aangewend, hierdie keer na aanleiding van die man se voorstel.

Hal a balancé le traîneau d'un côté à l'autre, libérant les patins.

Hal het die slee van kant tot kant gewieg en die lopers losgebreek.

Le traîneau, bien que surchargé et maladroit, a finalement fait un bond en avant.

Die slee, hoewel oorlaai en lomp, het uiteindelik vorentoe geslinger.

Buck et les autres tiraient sauvagement, poussés par une tempête de coups de fouet.

Buck en die ander het wild getrek, gedryf deur 'n storm sweepslae.

Une centaine de mètres plus loin, le sentier courbait et descendait en pente dans la rue.

Honderd meter vorentoe het die paadjie gebuig en in die straat afgegaan.

Il aurait fallu un conducteur expérimenté pour maintenir le traîneau droit.

Dit sou 'n bekwame bestuurder geverg het om die slee regop te hou.

Hal n'était pas habile et le traîneau a basculé en tournant dans le virage.
Hal was nie vaardig nie, en die slee het gekantel toe dit om die draai swaai.
Les sangles lâches ont cédé et la moitié de la charge s'est répandue sur la neige.
Los vasmaakbande het meegegee, en die helfte van die vrag het op die sneeu geval.
Les chiens ne s'arrêtèrent pas ; le traîneau le plus léger volait sur le côté.
Die honde het nie gestop nie; die ligter slee het op sy sy gevlieg.
En colère à cause des mauvais traitements et du lourd fardeau, les chiens couraient plus vite.
Woedend van die mishandeling en die swaar las, het die honde vinniger gehardloop.
Buck, furieux, s'est mis à courir, suivi par l'équipe.
Buck, in woede, het begin hardloop, met die span wat agter hom aanloop.
Hal a crié « Whoa ! Whoa ! » mais l'équipe ne lui a pas prêté attention.
Hal het geskree "Whoa! Whoa!" maar die span het geen aandag aan hom geskenk nie.
Il a trébuché, est tombé et a été traîné au sol par le harnais.
Hy het gestruikel, geval en is deur die harnas oor die grond gesleep.
Le traîneau renversé l'a heurté tandis que les chiens couraient devant.
Die omgekeerde slee het oor hom gestamp terwyl die honde vorentoe gejaag het.
Le reste des fournitures est dispersé dans la rue animée de Skaguay.
Die res van die voorrade het oor Skaguay se besige straat versprei gelê.
Des personnes au grand cœur se sont précipitées pour arrêter les chiens et rassembler le matériel.

Goedhartige mense het gehardloop om die honde te stop en die toerusting bymekaar te maak.
Ils ont également donné des conseils, directs et pratiques, aux nouveaux voyageurs.
Hulle het ook raad, reguit en prakties, aan die nuwe reisigers gegee.
« Si vous voulez atteindre Dawson, prenez la moitié du chargement et doublez les chiens. »
"As jy Dawson wil bereik, neem die helfte van die vrag en verdubbel die honde."
Hal, Charles et Mercedes écoutaient, mais sans enthousiasme.
Hal, Charles en Mercedes het geluister, maar nie met entoesiasme nie.
Ils ont installé leur tente et ont commencé à trier leurs provisions.
Hulle het hul tent opgeslaan en begin om hul voorraad uit te sorteer.
Des conserves sont sorties, ce qui a fait rire les spectateurs.
Ingemaakte goedere het uitgekom, wat omstanders hardop laat lag het.
« Des conserves sur le sentier ? Tu vas mourir de faim avant qu'elles ne fondent », a dit l'un d'eux.
"Ingemaakte goed op die roete? Jy sal verhonger voordat dit smelt," het een gesê.
« Des couvertures d'hôtel ? Tu ferais mieux de toutes les jeter. »
"Hotelkomberse? Jy is beter daaraan toe om hulle almal weg te gooi."
« Laissez tomber la tente aussi, et personne ne fait la vaisselle ici. »
"Gooi ook die tent weg, en niemand was skottelgoed hier nie."
« Tu crois que tu voyages dans un train Pullman avec des domestiques à bord ? »
"Dink jy jy ry op 'n Pullman-trein met bediendes aan boord?"
Le processus a commencé : chaque objet inutile a été jeté de côté.

Die proses het begin—elke nuttelose item is eenkant gegooi.
Mercedes a pleuré lorsque ses sacs ont été vidés sur le sol enneigé.
Mercedes het gehuil toe haar tasse op die sneeubedekte grond leeggemaak is.
Elle sanglotait sur chaque objet jeté, un par un, sans pause.
Sy het sonder ophou gehuil oor elke item wat uitgegooi is, een vir een.
Elle jura de ne plus faire un pas de plus, même pas pendant dix Charles.
Sy het belowe om nie een tree verder te gee nie—nie eens vir tien Charleses nie.
Elle a supplié chaque personne à proximité de la laisser garder ses objets précieux.
Sy het elke persoon naby gesmeek om haar toe te laat om haar kosbare besittings te hou.
Finalement, elle s'essuya les yeux et commença à jeter même les vêtements essentiels.
Uiteindelik het sy haar oë afgevee en selfs noodsaaklike klere begin weggooi.
Une fois les siennes terminées, elle commença à vider les provisions des hommes.
Toe sy klaar was met haar eie, het sy die mans se voorrade begin leegmaak.
Comme un tourbillon, elle a déchiré les affaires de Charles et Hal.
Soos 'n warrelwind het sy deur Charles en Hal se besittings geskeur.
Même si la charge était réduite de moitié, elle était encore bien plus lourde que nécessaire.
Alhoewel die lading gehalveer is, was dit steeds baie swaarder as wat nodig was.
Cette nuit-là, Charles et Hal sont sortis et ont acheté six nouveaux chiens.
Daardie aand het Charles en Hal uitgegaan en ses nuwe honde gekoop.

Ces nouveaux chiens ont rejoint les six originaux, plus Teek et Koona.
Hierdie nuwe honde het by die oorspronklike ses aangesluit, plus Teek en Koona.
Ensemble, ils formaient une équipe de quatorze chiens attelés au traîneau.
Saam het hulle 'n span van veertien honde gevorm wat aan die slee vasgemaak is.
Mais les nouveaux chiens n'étaient pas aptes et mal entraînés au travail en traîneau.
Maar die nuwe honde was ongeskik en swak opgelei vir sleewerk.
Trois des chiens étaient des pointeurs à poil court et un était un Terre-Neuve.
Drie van die honde was korthaar-wysers, en een was 'n Newfoundland.
Les deux derniers chiens étaient des bâtards sans race ni objectif clairement définis.
Die laaste twee honde was basters van geen duidelike ras of doel hoegenaamd nie.
Ils n'ont pas compris le sentier et ne l'ont pas appris rapidement.
Hulle het die roete nie verstaan nie, en hulle het dit nie vinnig geleer nie.
Buck et ses compagnons les regardaient avec mépris et une profonde irritation.
Buck en sy makkers het hulle met minagting en diepe irritasie dopgehou.
Bien que Buck leur ait appris ce qu'il ne fallait pas faire, il ne pouvait pas leur enseigner le devoir.
Alhoewel Buck hulle geleer het wat om nie te doen nie, kon hy hulle nie plig leer nie.
Ils n'ont pas bien supporté la vie sur les sentiers ni la traction des rênes et des traîneaux.
Hulle het nie goed verdra om die lewe agterna te loop of die trek van teuels en slee nie.

Seuls les bâtards essayaient de s'adapter, et même eux manquaient d'esprit combatif.
Slegs die basterdiere het probeer aanpas, en selfs hulle het veggees kortgekom.

Les autres chiens étaient confus, affaiblis et brisés par leur nouvelle vie.
Die ander honde was verward, verswak en gebroke deur hul nuwe lewe.

Les nouveaux chiens étant désemparés et les anciens épuisés, l'espoir était mince.
Met die nuwe honde sonder enige idee en die oues uitgeput, was die hoop skraal.

L'équipe de Buck avait parcouru deux mille cinq cents kilomètres de sentiers difficiles.
Buck se span het vyf-en-twintig honderd myl se rowwe roete afgelê.

Pourtant, les deux hommes étaient joyeux et fiers de leur grande équipe de chiens.
Tog was die twee mans vrolik en trots op hul groot hondespan.

Ils pensaient voyager avec style, avec quatorze chiens attelés.
Hulle het gedink hulle reis in styl, met veertien honde vasgehaak.

Ils avaient vu des traîneaux partir pour Dawson, et d'autres en arriver.
Hulle het sleeë na Dawson sien vertrek, en ander daarvandaan sien aankom.

Mais ils n'en avaient jamais vu un tiré par quatorze chiens.
Maar nog nooit het hulle een gesien wat deur soveel as veertien honde getrek word nie.

Il y avait une raison pour laquelle de telles équipes étaient rares dans la nature sauvage de l'Arctique.
Daar was 'n rede waarom sulke spanne skaars in die Arktiese wildernis was.

Aucun traîneau ne pouvait transporter suffisamment de nourriture pour nourrir quatorze chiens pendant le voyage.

Geen slee kon genoeg kos dra om veertien honde vir die reis te voed nie.
Mais Charles et Hal ne le savaient pas : ils avaient fait le calcul.
Maar Charles en Hal het dit nie geweet nie—hulle het die wiskunde gedoen.
Ils ont planifié la nourriture : tant par chien, tant de jours, et c'est fait.
Hulle het die kos met potlood neergeskryf: soveel per hond, soveel dae, klaar.
Mercedes regarda leurs chiffres et hocha la tête comme si cela avait du sens.
Mercedes het na hul syfers gekyk en geknik asof dit sin maak.
Tout cela lui semblait très simple, du moins sur le papier.
Dit het alles vir haar baie eenvoudig gelyk, ten minste op papier.

Le lendemain matin, Buck conduisit lentement l'équipe dans la rue enneigée.
Die volgende oggend het Buck die span stadig die sneeubedekte straat op gelei.
Il n'y avait aucune énergie ni aucun esprit en lui ou chez les chiens derrière lui.
Daar was geen energie of gees in hom of die honde agter hom nie.
Ils étaient épuisés dès le départ, il n'y avait plus de réserve.
Hulle was van die begin af doodmoeg—daar was geen reserwe oor nie.
Buck avait déjà effectué quatre voyages entre Salt Water et Dawson.
Buck het reeds vier reise tussen Salt Water en Dawson gemaak.
Maintenant, confronté à nouveau à la même épreuve, il ne ressentait que de l'amertume.
Nou, terwyl hy weer met dieselfde spoor te kampe gehad het, het hy niks anders as bitterheid gevoel nie.
Son cœur n'y était pas, ni celui des autres chiens.

Sy hart was nie daarin nie, en ook nie die harte van die ander honde nie.

Les nouveaux chiens étaient timides et les huskies manquaient totalement de confiance.

Die nuwe honde was skugter, en die huskies het alle vertroue kortgekom.

Buck sentait qu'il ne pouvait pas compter sur ces deux hommes ou sur leur sœur.

Buck het aangevoel dat hy nie op hierdie twee mans of hul suster kon staatmaak nie.

Ils ne savaient rien et ne montraient aucun signe d'apprentissage sur le sentier.

Hulle het niks geweet nie en geen tekens van leer op die roete getoon nie.

Ils étaient désorganisés et manquaient de tout sens de la discipline.

Hulle was ongeorganiseerd en het geen sin vir dissipline gehad nie.

Il leur fallait à chaque fois la moitié de la nuit pour monter un campement bâclé.

Dit het hulle elke keer die helfte van die nag geneem om 'n slordige kamp op te slaan.

Et ils passèrent la moitié de la matinée suivante à tâtonner à nouveau avec le traîneau.

En die helfte van die volgende oggend het hulle weer met die slee gepeuter.

À midi, ils s'arrêtaient souvent juste pour réparer la charge inégale.

Teen die middaguur het hulle dikwels gestop net om die ongelyke vrag reg te maak.

Certains jours, ils parcouraient moins de dix milles au total.

Op sommige dae het hulle minder as tien myl in totaal afgelê.

D'autres jours, ils ne parvenaient pas du tout à quitter le camp.

Ander dae het hulle glad nie daarin geslaag om die kamp te verlaat nie.

Ils n'ont jamais réussi à couvrir la distance alimentaire prévue.
Hulle het nooit naby gekom om die beplande voedselafstand af te lê nie.

Comme prévu, ils ont très vite manqué de nourriture pour les chiens.
Soos verwag, het hulle baie vinnig kos vir die honde kortgekom.

Ils ont aggravé la situation en les suralimentant au début.
Hulle het sake vererger deur in die vroeë dae oor te voer.

À chaque ration négligée, la famine se rapprochait.
Dit het hongersnood nader gebring met elke sorgelose rantsoen.

Les nouveaux chiens n'avaient pas appris à survivre avec très peu.
Die nuwe honde het nie geleer om met baie min te oorleef nie.

Ils mangeaient avec faim, avec un appétit trop grand pour le sentier.
Hulle het hongerig geëet, met 'n aptyt te groot vir die roete.

Voyant les chiens s'affaiblir, Hal pensait que la nourriture n'était pas suffisante.
Toe Hal sien hoe die honde verswak, het hy geglo dat die kos nie genoeg was nie.

Il a doublé les rations, rendant l'erreur encore pire.
Hy het die rantsoene verdubbel, wat die fout nog erger gemaak het.

Mercedes a aggravé le problème avec ses larmes et ses douces supplications.
Mercedes het met trane en sagte smeekbedes tot die probleem bygedra.

Comme elle n'arrivait pas à convaincre Hal, elle nourrissait les chiens en secret.
Toe sy Hal nie kon oortuig nie, het sy die honde in die geheim gevoer.

Elle a volé des sacs de poissons et les leur a donnés dans son dos.

Sy het uit die visakke gesteel en dit agter sy rug vir hulle gegee.

Mais ce dont les chiens avaient réellement besoin, ce n'était pas de plus de nourriture, mais de repos.

Maar wat die honde werklik nodig gehad het, was nie meer kos nie—dit was rus.

Ils progressaient mal, mais le lourd traîneau continuait à avancer.

Hulle het swak tyd gemaak, maar die swaar slee het steeds gesleep.

Ce poids à lui seul épuisait chaque jour leurs forces restantes.

Daardie gewig alleen het elke dag hul oorblywende krag uitgeput.

Puis vint l'étape de la sous-alimentation, les réserves s'épuisant.

Toe kom die stadium van ondervoeding namate die voorrade min geword het.

Un matin, Hal s'est rendu compte que la moitié de la nourriture pour chien avait déjà disparu.

Hal het eendagoggend besef dat die helfte van die hondekos reeds op was.

Ils n'avaient parcouru qu'un quart de la distance totale du sentier.

Hulle het slegs 'n kwart van die totale afstand van die roete afgelê.

On ne pouvait plus acheter de nourriture, quel que soit le prix proposé.

Geen kos kon meer gekoop word nie, ongeag die prys wat aangebied is.

Il a réduit les portions des chiens en dessous de la ration quotidienne standard.

Hy het die honde se porsies verminder tot onder die standaard daaglikse rantsoen.

Dans le même temps, il a exigé des voyages plus longs pour compenser la perte.

Terselfdertyd het hy langer reise geëis om die verlies te vergoed.

Mercedes et Charles ont soutenu ce plan, mais ont échoué dans son exécution.

Mercedes en Charles het hierdie plan ondersteun, maar het misluk in uitvoering.

Leur lourd traîneau et leur manque de compétences rendaient la progression presque impossible.

Hul swaar slee en gebrek aan vaardigheid het vordering byna onmoontlik gemaak.

Il était facile de donner moins de nourriture, mais impossible de forcer plus d'efforts.

Dit was maklik om minder kos te gee, maar onmoontlik om meer moeite af te dwing.

Ils ne pouvaient pas commencer plus tôt, ni voyager pendant des heures supplémentaires.

Hulle kon nie vroeg begin nie, en hulle kon ook nie vir ekstra ure reis nie.

Ils ne savaient pas comment travailler les chiens, ni eux-mêmes d'ailleurs.

Hulle het nie geweet hoe om die honde te werk nie, en ook nie hulself nie.

Le premier chien à mourir était Dub, le voleur malchanceux mais travailleur.

Die eerste hond wat gesterf het, was Dub, die ongelukkige maar hardwerkende dief.

Bien que souvent puni, Dub avait fait sa part sans se plaindre.

Alhoewel hy dikwels gestraf is, het Dub sy deel gedoen sonder om te kla.

Son épaule blessée s'est aggravée sans qu'il soit nécessaire de prendre soin de lui et de se reposer.

Sy beseerde skouer het vererger sonder sorg of rus nodig gehad.

Finalement, Hal a utilisé le revolver pour mettre fin aux souffrances de Dub.

Uiteindelik het Hal die rewolwer gebruik om Dub se lyding te beëindig.

Un dicton courant dit que les chiens normaux meurent à cause des rations de husky.

'n Algemene gesegde beweer dat normale honde op husky-rantsoene vrek.

Les six nouveaux compagnons de Buck n'avaient que la moitié de la part de nourriture du husky.

Buck se ses nuwe metgeselle het net die helfte van die husky se deel van kos gehad.

Le Terre-Neuve est mort en premier, puis les trois braques à poil court.

Die Newfoundland het eerste gevrek, toe die drie korthaar-wysers.

Les deux bâtards résistèrent plus longtemps mais finirent par périr comme les autres.

Die twee basterds het langer gehou, maar uiteindelik soos die res omgekom.

À cette époque, toutes les commodités et la douceur du Southland avaient disparu.

Teen hierdie tyd was al die geriewe en sagtheid van die Suidland weg.

Les trois personnes avaient perdu les dernières traces de leur éducation civilisée.

Die drie mense het die laaste spore van hul beskaafde opvoeding afgeskud.

Dépouillé de glamour et de romantisme, le voyage dans l'Arctique est devenu brutalement réel.

Gestroop van glans en romanse, het Arktiese reise brutaal werklik geword.

C'était une réalité trop dure pour leur sens de la virilité et de la féminité.

Dit was 'n werklikheid te hard vir hulle sin van manlikheid en vroulikheid.

Mercedes ne pleurait plus pour les chiens, mais maintenant elle pleurait seulement pour elle-même.

Mercedes het nie meer oor die honde gehuil nie, maar nou net oor haarself.

Elle passait son temps à pleurer et à se disputer avec Hal et Charles.

Sy het haar tyd deurgebring met huil en rusie met Hal en Charles.

Se disputer était la seule chose qu'ils n'étaient jamais trop fatigués de faire.

Rusie was die een ding waarvoor hulle nooit te moeg was nie.

Leur irritabilité provenait de la misère, grandissait avec elle et la surpassait.

Hul prikkelbaarheid het uit ellende gekom, daarmee saam gegroei en dit oortref.

La patience du sentier, connue de ceux qui peinent et souffrent avec bienveillance, n'est jamais venue.

Die geduld van die roete, bekend aan diegene wat swoeg en ly met liefde, het nooit gekom nie.

Cette patience, qui garde la parole douce malgré la douleur, leur était inconnue.

Daardie geduld, wat spraak soet hou deur pyn, was onbekend aan hulle.

Ils n'avaient aucune trace de patience, aucune force tirée de la souffrance avec grâce.

Hulle het geen sweempie geduld gehad nie, geen krag geput uit lyding met genade nie.

Ils étaient raides de douleur : leurs muscles, leurs os et leur cœur étaient douloureux.

Hulle was styf van pyn—pyn in hulle spiere, bene en harte.

À cause de cela, ils devinrent acerbes et prompts à prononcer des paroles dures.

As gevolg hiervan het hulle skerp van tong geword en vinnig met harde woorde.

Chaque jour commençait et se terminait par des voix en colère et des plaintes amères.

Elke dag het begin en geëindig met kwaai stemme en bittere klagtes.

Charles et Hal se disputaient chaque fois que Mercedes leur en donnait l'occasion.
Charles en Hal het gestry wanneer Mercedes hulle 'n kans gegee het.
Chaque homme estimait avoir fait plus que sa juste part du travail.
Elke man het geglo dat hy meer as sy regverdige deel van die werk gedoen het.
Aucun des deux n'a jamais manqué une occasion de le dire, encore et encore.
Nie een van hulle het ooit 'n kans laat verbygaan om dit oor en oor te sê nie.
Parfois, Mercedes se rangeait du côté de Charles, parfois du côté de Hal.
Soms het Mercedes die kant van Charles gekies, soms die kant van Hal.
Cela a conduit à une grande et interminable querelle entre les trois.
Dit het gelei tot 'n groot en eindelose rusie tussen die drie.
Une dispute sur la question de savoir qui devait couper le bois de chauffage est devenue incontrôlable.
'n Geskil oor wie brandhout moes kap, het buite beheer geraak.
Bientôt, les pères, les mères, les cousins et les parents décédés ont été nommés.
Gou is vaders, moeders, neefs en niggies en oorlede familielede by name genoem.
Les opinions de Hal sur l'art ou les pièces de son oncle sont devenues partie intégrante du combat.
Hal se sienings oor kuns of sy oom se toneelstukke het deel van die stryd geword.
Les convictions politiques de Charles sont également entrées dans le débat.
Charles se politieke oortuigings het ook die debat betree.
Pour Mercedes, même les ragots de la sœur de son mari semblaient pertinents.

Vir Mercedes het selfs haar man se suster se skinderstories relevant gelyk.
Elle a exprimé son opinion sur ce sujet et sur de nombreux défauts de la famille de Charles.
Sy het menings daaroor en oor baie van Charles se familie se foute gelug.
Pendant qu'ils se disputaient, le feu restait éteint et le camp à moitié monté.
Terwyl hulle gestry het, het die vuur doodgebly en die kamp halfpad gebou.
Pendant ce temps, les chiens restaient froids et sans nourriture.
Intussen het die honde koud en sonder kos gebly.
Mercedes avait un grief qu'elle considérait comme profondément personnel.
Mercedes het 'n grief gehad wat sy as baie persoonlik beskou het.
Elle se sentait maltraitée en tant que femme, privée de ses doux privilèges.
Sy het as vrou mishandel gevoel, haar sagte voorregte ontsê.
Elle était jolie et douce, et habituée à la chevalerie toute sa vie.
Sy was mooi en sag, en haar hele lewe lank ridderlik.
Mais son mari et son frère la traitaient désormais avec impatience.
Maar haar man en broer het haar nou met ongeduld behandel.
Elle avait pour habitude d'agir comme si elle était impuissante, et ils commencèrent à se plaindre.
Haar gewoonte was om hulpeloos op te tree, en hulle het begin kla.
Offensée par cela, elle leur rendit la vie encore plus difficile.
Aanstoot geneem hierdeur, het sy hul lewens al hoe moeiliker gemaak.
Elle a ignoré les chiens et a insisté pour conduire elle-même le traîneau.
Sy het die honde geïgnoreer en daarop aangedring om self die slee te ry.

Bien que légère en apparence, elle pesait cent vingt livres.
Alhoewel sy lig van voorkoms was, het sy honderd-en-twintig pond geweeg.
Ce fardeau supplémentaire était trop lourd pour les chiens affamés et faibles.
Daardie ekstra las was te veel vir die honger, swak honde.
Elle a continué à monter pendant des jours, jusqu'à ce que les chiens s'effondrent sous les rênes.
Tog het sy dae lank gery, totdat die honde in die teuels ineengestort het.
Le traîneau s'arrêta et Charles et Hal la supplièrent de marcher.
Die slee het stilgestaan, en Charles en Hal het haar gesmeek om te loop.
Ils la supplièrent et la supplièrent, mais elle pleura et les traita de cruels.
Hulle het gesmeek en gebid, maar sy het geween en hulle wreed genoem.
À une occasion, ils l'ont tirée du traîneau avec force et colère.
By een geleentheid het hulle haar met pure krag en woede van die slee afgetrek.
Ils n'ont plus jamais essayé après ce qui s'est passé cette fois-là.
Hulle het nooit weer probeer na wat destyds gebeur het nie.
Elle devint molle comme un enfant gâté et s'assit dans la neige.
Sy het slap geword soos 'n bederfde kind en in die sneeu gaan sit.
Ils continuèrent leur chemin, mais elle refusa de se lever ou de les suivre.
Hulle het aangegaan, maar sy het geweier om op te staan of agter haar te volg.
Après trois milles, ils s'arrêtèrent, revinrent et la ramenèrent.
Na drie myl het hulle gestop, teruggekeer en haar teruggedra.
Ils l'ont rechargée sur le traîneau, en utilisant encore une fois la force brute.

Hulle het haar weer op die slee gelaai, weer eens met brute krag.
Dans leur profonde misère, ils étaient insensibles à la souffrance des chiens.
In hul diepe ellende was hulle gevoelloos teenoor die honde se lyding.
Hal croyait qu'il fallait s'endurcir et il a imposé cette croyance aux autres.
Hal het geglo dat 'n mens verhard moet word en het daardie oortuiging op ander afgedwing.
Il a d'abord essayé de prêcher sa philosophie à sa sœur
Hy het eers probeer om sy filosofie aan sy suster te verkondig
et puis, sans succès, il prêcha à son beau-frère.
en toe, sonder sukses, het hy vir sy swaer gepreek.
Il a eu plus de succès avec les chiens, mais seulement parce qu'il leur a fait du mal.
Hy het meer sukses met die honde gehad, maar net omdat hy hulle seergemaak het.
Chez Five Fingers, la nourriture pour chiens est complètement épuisée.
By Five Fingers het die hondekos heeltemal opgeraak.
Une vieille squaw édentée a vendu quelques kilos de peau de cheval congelée
'n Tandlose ou squat het 'n paar pond bevrore perdevel verkoop
Hal a échangé son revolver contre la peau de cheval séchée.
Hal het sy rewolwer vir die gedroogde perdevel verruil.
La viande provenait de chevaux affamés d'éleveurs de bétail des mois auparavant.
Die vleis het maande tevore van uitgehongerde perde of beesboere gekom.
Gelée, la peau était comme du fer galvanisé ; dure et immangeable.
Bevrore, die vel was soos gegalvaniseerde yster; taai en oneetbaar.
Les chiens devaient mâcher la peau sans fin pour la manger.
Die honde moes eindeloos aan die vel kou om dit te eet.

Mais les cordes en cuir et les cheveux courts n'étaient guère une nourriture.
Maar die leeragtige snare en kort hare was nouliks voeding.
La majeure partie de la peau était irritante et ne constituait pas véritablement de la nourriture.
Meeste van die vel was irriterend, en nie kos in enige ware sin van die woord nie.
Et pendant tout ce temps, Buck titubait en tête, comme dans un cauchemar.
En deur dit alles het Buck voor gestruikel, soos in 'n nagmerrie.
Il tirait quand il le pouvait ; quand il ne le pouvait pas, il restait allongé jusqu'à ce qu'un fouet ou un gourdin le relève.
Hy het getrek wanneer hy kon; wanneer hy nie kon nie, het hy gelê totdat die sweep of knuppel hom opgelig het.
Son pelage fin et brillant avait perdu toute sa rigidité et son éclat d'autrefois.
Sy fyn, blink pels het al die styfheid en glans wat dit eens gehad het, verloor.
Ses cheveux pendaient, mous, en bataille et coagulés par le sang séché des coups.
Sy hare het slap, gesleep en vol gedroogde bloed van die houe gehang.
Ses muscles se sont réduits à l'état de cordes et ses coussinets de chair étaient tous usés.
Sy spiere het tot toue gekrimp, en sy vleiskussings was almal weggeslyt.
Chaque côte, chaque os apparaissait clairement à travers les plis de la peau ridée.
Elke rib, elke been, het duidelik deur die voue van die gekreukelde vel geskyn.
C'était déchirant, mais le cœur de Buck ne pouvait pas se briser.
Dit was hartverskeurend, maar Buck se hart kon nie breek nie.
L'homme au pull rouge avait testé cela et l'avait prouvé il y a longtemps.

Die man in die rooi trui het dit lankal getoets en bewys.
Comme ce fut le cas pour Buck, ce fut le cas pour tous ses coéquipiers restants.
Soos dit met Buck was, so was dit met al sy oorblywende spanmaats.
Il y en avait sept au total, chacun étant un squelette ambulant de misère.
Daar was altesaam sewe, elkeen 'n wandelende geraamte van ellende.
Ils étaient devenus insensibles au fouet, ne ressentant qu'une douleur lointaine.
Hulle het gevoelloos geword om te sweep, en het net vae pyn gevoel.
Même la vue et le son leur parvenaient faiblement, comme à travers un épais brouillard.
Selfs sig en klank het hulle vaagweg bereik, soos deur 'n digte mis.
Ils n'étaient pas à moitié vivants : c'étaient des os avec de faibles étincelles à l'intérieur.
Hulle was nie half lewendig nie—hulle was bene met dowwe vonke binne.
Lorsqu'ils s'arrêtèrent, ils s'effondrèrent comme des cadavres, leurs étincelles presque éteintes.
Toe hulle gestop het, het hulle soos lyke ineengestort, hul vonke amper weg.
Et lorsque le fouet ou le gourdin frappaient à nouveau, les étincelles voltigeaient faiblement.
En toe die sweep of knuppel weer slaan, het die vonke swak gefladder.
Puis ils se levèrent, titubèrent en avant et traînèrent leurs membres en avant.
Toe het hulle opgestaan, vorentoe gestruikel en hul ledemate vorentoe gesleep.
Un jour, le gentil Billee tomba et ne put plus se relever du tout.
Eendag het die vriendelike Billee geval en kon glad nie meer opstaan nie.

Hal avait échangé son revolver, alors il a utilisé une hache pour tuer Billee à la place.
Hal het sy rewolwer verruil, so hy het eerder 'n byl gebruik om Billee dood te maak.
Il le frappa à la tête, puis lui coupa le corps et le traîna.
Hy het hom op die kop geslaan, toe sy liggaam losgesny en dit weggesleep.
Buck vit cela, et les autres aussi ; ils savaient que la mort était proche.
Buck het dit gesien, en die ander ook; hulle het geweet die dood was naby.
Le lendemain, Koona partit, ne laissant que cinq chiens dans l'équipe affamée.
Die volgende dag het Koona gegaan en net vyf honde in die uitgehongerde span agtergelaat.
Joe, qui n'était plus méchant, était trop loin pour se rendre compte de quoi que ce soit.
Joe, nie meer gemeen nie, was te ver heen om hoegenaamd van veel bewus te wees.
Pike, ne faisant plus semblant d'être blessé, était à peine conscient.
Pike, wat nie meer voorgegee het dat hy beseer is nie, was skaars by sy bewussyn.
Solleks, toujours fidèle, se lamentait de ne plus avoir de force à donner.
Solleks, steeds getrou, het getreur dat hy geen krag gehad het om te gee nie.
Teek a été le plus battu parce qu'il était plus frais, mais qu'il s'estompait rapidement.
Teek is die meeste geslaan omdat hy varser was, maar vinnig vervaag het.
Et Buck, toujours en tête, ne maintenait plus l'ordre ni ne le faisait respecter.
En Buck, steeds aan die voorpunt, het nie meer orde gehandhaaf of afgedwing nie.
À moitié aveugle à cause de sa faiblesse, Buck suivit la piste au toucher seul.

Halfblind van swakheid, het Buck die spoor alleen op gevoel gevolg.

C'était un beau temps printanier, mais aucun d'entre eux ne l'a remarqué.
Dit was pragtige lenteweer, maar niemand van hulle het dit opgemerk nie.

Chaque jour, le soleil se levait plus tôt et se couchait plus tard qu'avant.
Elke dag het die son vroeër opgekom en later ondergegaan as voorheen.

À trois heures du matin, l'aube était arrivée ; le crépuscule durait jusqu'à neuf heures.
Teen drie-uur die oggend het die dagbreek aangebreek; die skemer het tot nege-uur geduur.

Les longues journées étaient remplies du plein soleil printanier.
Die lang dae was gevul met die volle gloed van lentesonskyn.

Le silence fantomatique de l'hiver s'était transformé en un murmure chaleureux.
Die spookagtige stilte van die winter het verander in 'n warm gemompel.

Toute la terre s'éveillait, animée par la joie des êtres vivants.
Die hele land het wakker geword, lewendig met die vreugde van lewende dinge.

Le bruit provenait de ce qui était resté mort et immobile pendant l'hiver.
Die geluid het gekom van wat dood en stil deur die winter gelê het.

Maintenant, ces choses bougeaient à nouveau, secouant le long sommeil de gel.
Nou het daardie dinge weer beweeg, en die lang ryp slaap afgeskud.

La sève montait à travers les troncs sombres des pins en attente.
Sap het deur die donker stamme van die wagtende dennebome gestyg.

Les saules et les trembles font apparaître de jeunes bourgeons brillants sur chaque brindille.
Wilgers en espe bars helder jong knoppe aan elke takkie uit.
Les arbustes et les vignes se parent d'un vert frais tandis que les bois prennent vie.
Struike en wingerdstokke het vars groen aangetrek toe die woude lewendig geword het.
Les grillons chantaient la nuit et les insectes rampaient au soleil.
Krieke het snags getjirp, en goggas het in die dagligson gekruip.
Les perdrix résonnaient et les pics frappaient profondément dans les arbres.
Patryse het gedreun, en houtkappers het diep in die bome geklop.
Les écureuils bavardaient, les oiseaux chantaient et les oies klaxonnaient au-dessus des chiens.
Eekhorings het gesels, voëls het gesing, en ganse het oor die honde getoeter.
Les oiseaux sauvages arrivaient en groupes serrés, volant vers le haut depuis le sud.
Die wilde voëls het in skerp wiggies gekom, opgevlieg uit die suide.
De chaque colline venait la musique des ruisseaux cachés et impétueux.
Van elke heuwelhang het die musiek van verborge, ruisende strome gekom.
Toutes choses ont dégelé et se sont brisées, se sont pliées et ont repris leur mouvement.
Alles het ontdooi en gebreek, gebuig en weer in beweging gekom.
Le Yukon s'efforçait de briser les chaînes de froid de la glace gelée.
Die Yukon het gesukkel om die koue kettings van bevrore ys te breek.
La glace fondait en dessous, tandis que le soleil la faisait fondre par le dessus.

Die ys het onder gesmelt, terwyl die son dit van bo af gesmelt het.
Des trous d'aération se sont ouverts, des fissures se sont propagées et des morceaux sont tombés dans la rivière.
Luggate het oopgegaan, krake het versprei, en stukke het in die rivier geval.
Au milieu de toute cette vie débordante et flamboyante, les voyageurs titubaient.
Te midde van al hierdie barsende en brandende lewe het die reisigers gestruikel.
Deux hommes, une femme et une meute de huskies marchaient comme des morts.
Twee mans, 'n vrou en 'n trop husky's het soos dooies geloop.
Les chiens tombaient, Mercedes pleurait, mais continuait à conduire le traîneau.
Die honde het geval, Mercedes het gehuil, maar het steeds op die slee gery.
Hal jura faiblement et Charles cligna des yeux à travers ses yeux larmoyants.
Hal het swak gevloek, en Charles het deur traanende oë geknipper.
Ils tombèrent sur le camp de John Thornton à l'embouchure de la rivière White.
Hulle het John Thornton se kamp by die monding van White River binnegestrompel.
Lorsqu'ils s'arrêtèrent, les chiens s'effondrèrent, comme s'ils étaient tous morts.
Toe hulle stop, het die honde plat geval, asof almal doodgeslaan het.
Mercedes essuya ses larmes et regarda John Thornton.
Mercedes het haar trane afgevee en na John Thornton gekyk.
Charles s'assit sur une bûche, lentement et raidement, souffrant du sentier.
Charles het stadig en styf op 'n stomp gesit, pynlik van die paadjie.
Hal parlait pendant que Thornton sculptait l'extrémité d'un manche de hache.

Hal het die praatwerk gedoen terwyl Thornton die punt van 'n bylsteel gekerf het.

Il taillait du bois de bouleau et répondait par des réponses brèves et fermes.

Hy het berkehout gekap en met kort, ferm antwoorde geantwoord.

Lorsqu'on lui a demandé son avis, il a donné des conseils, certain qu'ils ne seraient pas suivis.

Toe hy gevra is, het hy raad gegee, seker dat dit nie gevolg sou word nie.

Hal a expliqué : « Ils nous ont dit que la glace du sentier disparaissait. »

Hal het verduidelik: "Hulle het vir ons gesê die ys op die roete val weg."

« Ils ont dit que nous devions rester sur place, mais nous sommes arrivés à White River. »

"Hulle het gesê ons moet bly waar ons is—maar ons het dit tot by Witrivier gemaak."

Il a terminé sur un ton moqueur, comme pour crier victoire dans les difficultés.

Hy het met 'n spottende toon afgesluit, asof hy oorwinning in ontbering wou eis.

« Et ils t'ont dit la vérité », répondit doucement John Thornton à Hal.

"En hulle het jou die waarheid vertel," het John Thornton stil vir Hal geantwoord.

« La glace peut céder à tout moment, elle est prête à tomber. »

"Die ys kan enige oomblik meegee—dit is gereed om af te val."

« Seuls un peu de chance et des imbéciles ont pu arriver jusqu'ici en vie. »

"Slegs blinde geluk en dwase kon dit so ver gemaak het."

« Je vous le dis franchement, je ne risquerais pas ma vie pour tout l'or de l'Alaska. »

"Ek sê vir jou reguit, ek sou nie my lewe waag vir al Alaska se goud nie."

« C'est parce que tu n'es pas un imbécile, je suppose », répondit Hal.

"Dis omdat jy nie 'n dwaas is nie, neem ek aan," het Hal geantwoord.

« Tout de même, nous irons à Dawson. » Il déroula son fouet.

"Tog gaan ons aan na Dawson." Hy het sy sweep afgerol.

« Monte là-haut, Buck ! Salut ! Debout ! Vas-y ! » cria-t-il durement.

"Klim op daar, Buck! Haai! Staan op! Gaan aan!" het hy hard geskree.

Thornton continuait à tailler, sachant que les imbéciles n'entendraient pas la raison.

Thornton het aanhou skraap, wetende dat dwase nie na rede sal luister nie.

Arrêter un imbécile était futile, et deux ou trois imbéciles ne changeaient rien.

Om 'n dwaas te keer was tevergeefs—en twee of drie dwase het niks verander nie.

Mais l'équipe n'a pas bougé au son de l'ordre de Hal.

Maar die span het nie beweeg op die geluid van Hal se bevel nie.

Désormais, seuls les coups pouvaient les faire se relever et avancer.

Teen hierdie tyd kon slegs houe hulle laat opstaan en vorentoe trek.

Le fouet claquait encore et encore sur les chiens affaiblis.

Die sweep het oor en oor die verswakte honde geklap.

John Thornton serra fermement ses lèvres et regarda en silence.

John Thornton het sy lippe styf vasgedruk en in stilte gekyk.

Solleks fut le premier à se relever sous le fouet.

Solleks was die eerste wat onder die sweep orent gekruip het.

Puis Teek le suivit, tremblant. Joe poussa un cri en se relevant.

Toe volg Teek, bewerig. Joe gil toe hy opstapel.

Pike a essayé de se relever, a échoué deux fois, puis est finalement resté debout, chancelant.
Pike het probeer opstaan, twee keer misluk, en toe uiteindelik onvas gestaan.
Mais Buck resta là où il était tombé, sans bouger du tout cette fois.
Maar Buck het gelê waar hy geval het, glad nie hierdie keer beweeg nie.
Le fouet le frappait à plusieurs reprises, mais il ne faisait aucun bruit.
Die sweep het hom oor en oor geslaan, maar hy het geen geluid gemaak nie.
Il n'a pas bronché ni résisté, il est simplement resté immobile et silencieux.
Hy het nie teruggedeins of weerstand gebied nie, maar eenvoudig stil en stil gebly.
Thornton remua plus d'une fois, comme pour parler, mais ne le fit pas.
Thornton het meer as een keer geroer, asof hy wou praat, maar het nie.
Ses yeux s'humidifièrent, et le fouet continuait à claquer contre Buck.
Sy oë het nat geword, en die sweep het steeds teen Buck geklap.
Finalement, Thornton commença à marcher lentement, ne sachant pas quoi faire.
Uiteindelik het Thornton stadig begin loop, onseker oor wat om te doen.
C'était la première fois que Buck échouait, et Hal devint furieux.
Dit was die eerste keer dat Buck misluk het, en Hal het woedend geword.
Il a jeté le fouet et a pris la lourde massue à la place.
Hy het die sweep neergegooi en eerder die swaar knuppel opgetel.
Le club en bois s'abattit violemment, mais Buck ne se releva toujours pas pour bouger.

Die houtknuppel het hard neergekom, maar Buck het steeds nie opgestaan om te beweeg nie.
Comme ses coéquipiers, il était trop faible, mais plus que cela.
Soos sy spanmaats, was hy te swak—maar meer as dit.
Buck avait décidé de ne pas bouger, quoi qu'il arrive.
Buck het besluit om nie te trek nie, maak nie saak wat volgende gebeur nie.
Il sentait quelque chose de sombre et de certain planer juste devant lui.
Hy het iets donker en seker net voor hom gevoel.
Cette peur l'avait saisi dès qu'il avait atteint la rive du fleuve.
Daardie vrees het hom beetgepak sodra hy die rivieroewer bereik het.
Cette sensation ne l'avait pas quitté depuis qu'il sentait la glace s'amincir sous ses pattes.
Die gevoel het hom nie verlaat vandat hy die ys dun onder sy pote gevoel het nie.
Quelque chose de terrible l'attendait – il le sentait juste au bout du sentier.
Iets verskrikliks het gewag—hy het dit net langs die paadjie gevoel.
Il n'allait pas marcher vers cette terrible chose devant lui.
Hy sou nie na daardie verskriklike ding voor hom stap nie.
Il n'allait pas obéir à un quelconque ordre qui le conduirait à cette chose.
Hy sou geen bevel gehoorsaam wat hom na daardie ding gelei het nie.
La douleur des coups ne l'atteignait plus guère, il était trop loin.
Die pyn van die houe het hom nou skaars geraak—hy was te ver heen.
L'étincelle de vie vacillait faiblement, s'affaiblissant sous chaque coup cruel.
Die vonk van die lewe het laag geflikker, dof onder elke wrede hou.

Ses membres semblaient lointains ; tout son corps semblait appartenir à un autre.
Sy ledemate het ver weg gevoel; sy hele liggaam het gelyk of dit aan 'n ander behoort.
Il ressentit un étrange engourdissement alors que la douleur disparaissait complètement.
Hy het 'n vreemde gevoelloosheid gevoel toe die pyn heeltemal verdwyn het.
De loin, il sentait qu'il était battu, mais il le savait à peine.
Van ver af het hy aangevoel dat hy geslaan word, maar hy het skaars geweet.
Il pouvait entendre les coups sourds faiblement, mais ils ne faisaient plus vraiment mal.
Hy kon die dowwe geluide vaagweg hoor, maar hulle het nie meer regtig seergemaak nie.
Les coups ont porté, mais son corps ne semblait plus être le sien.
Die houe het getref, maar sy liggaam het nie meer soos sy eie gevoel nie.
Puis, soudain, sans prévenir, John Thornton poussa un cri sauvage.
Toe skielik, sonder waarskuwing, het John Thornton 'n wilde kreet gegee.
C'était inarticulé, plus le cri d'une bête que celui d'un homme.
Dit was onartikulêr, meer die geroep van 'n dier as van 'n mens.
Il sauta sur l'homme avec la massue et renversa Hal en arrière.
Hy het na die man met die knuppel gespring en Hal agteroor geslaan.
Hal vola comme s'il avait été frappé par un arbre, atterrissant durement sur le sol.
Hal het gevlieg asof hy deur 'n boom getref is en hard op die grond geland.
Mercedes a crié de panique et s'est agrippée au visage.

Mercedes het hardop in paniek geskree en na haar gesig gegryp.

Charles se contenta de regarder, s'essuya les yeux et resta assis.

Charles het net toegekyk, sy oë afgevee en bly sit.

Son corps était trop raide à cause de la douleur pour se lever ou aider au combat.

Sy liggaam was te styf van pyn om op te staan of in die geveg te help.

Thornton se tenait au-dessus de Buck, tremblant de fureur, incapable de parler.

Thornton het oor Buck gestaan, bewerig van woede, nie in staat om te praat nie.

Il tremblait de rage et luttait pour trouver sa voix à travers elle.

Hy het van woede gebewe en gesukkel om sy stem daardeur te vind.

« Si tu frappes encore ce chien, je te tue », dit-il finalement.

"As jy daardie hond weer slaan, sal ek jou doodmaak," het hy uiteindelik gesê.

Hal essuya le sang de sa bouche et s'avança à nouveau.

Hal het bloed van sy mond afgevee en weer vorentoe gekom.

« C'est mon chien », murmura-t-il. « Dégage, ou je te répare. »

"Dis my hond," het hy gemompel. "Gaan uit die pad uit, anders maak ek jou reg."

« Je vais à Dawson, et vous ne m'en empêcherez pas », a-t-il ajouté.

"Ek gaan na Dawson, en jy keer my nie," het hy bygevoeg.

Thornton se tenait fermement entre Buck et le jeune homme en colère.

Thornton het ferm tussen Buck en die kwaai jongman gestaan.

Il n'avait aucune intention de s'écarter ou de laisser passer Hal.

Hy het geen voorneme gehad om opsy te tree of Hal te laat verbygaan nie.

Hal sortit son couteau de chasse, long et dangereux à la main.
Hal het sy jagmes uitgehaal, lank en gevaarlik in die hand.
Mercedes a crié, puis pleuré, puis ri dans une hystérie sauvage.
Mercedes het geskree, toe gehuil, toe in wilde histerie gelag.
Thornton frappa la main de Hal avec le manche de sa hache, fort et vite.
Thornton het Hal se hand met sy bylsteel geslaan, hard en vinnig.
Le couteau s'est détaché de la main de Hal et a volé au sol.
Die mes is uit Hal se greep losgeslaan en het grond toe geval.
Hal essaya de ramasser le couteau, et Thornton frappa à nouveau ses jointures.
Hal het probeer om die mes op te tel, en Thornton het weer op sy kneukels geklop.
Thornton se baissa alors, attrapa le couteau et le tint.
Toe buk Thornton vooroor, gryp die mes en hou dit vas.
D'un coup rapide de manche de hache, il coupa les rênes de Buck.
Met twee vinnige houe van die bylsteel het hy Buck se teuels afgesny.
Hal n'avait plus aucune résistance et s'éloigna du chien.
Hal het geen stryd meer in hom gehad nie en het van die hond teruggetree.
De plus, Mercedes avait désormais besoin de ses deux bras pour se maintenir debout.
Boonop het Mercedes nou albei arms nodig gehad om haar regop te hou.
Buck était trop proche de la mort pour pouvoir à nouveau tirer un traîneau.
Buck was te naby aan die dood om weer van nut te wees om 'n slee te trek.
Quelques minutes plus tard, ils se sont retirés et ont descendu la rivière.
'n Paar minute later het hulle uitgetrek, met die rivier af.
Buck leva faiblement la tête et les regarda quitter la banque.

Buck het sy kop swak opgelig en gekyk hoe hulle die bank verlaat.
Pike a mené l'équipe, avec Solleks à l'arrière dans la roue.
Pike het die span gelei, met Solleks agter in die wielposisie.
Joe et Teek marchaient entre eux, tous deux boitant d'épuisement.
Joe en Teek het tussenin geloop, albei mank van uitputting.
Mercedes s'assit sur le traîneau et Hal saisit le long mât.
Mercedes het op die slee gesit, en Hal het die lang gee-stok vasgegryp.
Charles trébuchait derrière, ses pas maladroits et incertains.
Charles het agteruit gestruikel, sy treë lomp en onseker.
Thornton s'agenouilla près de Buck et chercha doucement des os cassés.
Thornton het langs Buck gekniel en saggies vir gebreekte bene gevoel.
Ses mains étaient rudes mais bougeaient avec gentillesse et attention.
Sy hande was grof, maar het met vriendelikheid en sorg beweeg.
Le corps de Buck était meurtri mais ne présentait aucune blessure durable.
Buck se liggaam was gekneus, maar het geen blywende beserings getoon nie.
Ce qui restait, c'était une faim terrible et une faiblesse quasi totale.
Wat oorgebly het, was verskriklike honger en byna totale swakheid.
Au moment où cela fut clair, le traîneau était déjà loin en aval.
Teen die tyd dat dit duidelik was, het die slee al ver stroomaf gegaan.
L'homme et le chien regardaient le traîneau ramper lentement sur la glace fissurée.
Man en hond het gekyk hoe die slee stadig oor die krakende ys kruip.
Puis, ils virent le traîneau s'enfoncer dans un creux.

Toe sien hulle hoe die slee in 'n holte wegsink.
Le mât s'est envolé, Hal s'y accrochant toujours en vain.
Die gee-paal het opgevlieg, met Hal wat steeds tevergeefs daaraan vasklou.
Le cri de Mercedes les atteignit à travers la distance froide.
Mercedes se gil het hulle oor die koue verte bereik.
Charles se retourna et recula, mais il était trop tard.
Charles het omgedraai en teruggetree—maar hy was te laat.
Une calotte glaciaire entière a cédé et ils sont tous tombés à travers.
'n Hele ysplaat het meegegee, en hulle het almal deurgeval.
Les chiens, le traîneau et les gens ont disparu dans l'eau noire en contrebas.
Honde, sleeë en mense het in die swart water onder verdwyn.
Il ne restait qu'un large trou dans la glace là où ils étaient passés.
Net 'n wye gat in die ys het oorgebly waar hulle verbygegaan het.
Le fond du sentier s'était affaissé, comme Thornton l'avait prévenu.
Die roete se bodem het uitgeval—net soos Thornton gewaarsku het.
Thornton et Buck se regardèrent, silencieux pendant un moment.
Thornton en Buck het mekaar vir 'n oomblik stil aangekyk.
« Pauvre diable », dit doucement Thornton, et Buck lui lécha la main.
"Jou arme duiwel," het Thornton saggies gesê, en Buck het sy hand gelek.

Pour l'amour d'un homme
Vir die liefde van 'n man

John Thornton s'est gelé les pieds dans le froid du mois de décembre précédent.
John Thornton het sy voete gevries in die koue van die vorige Desember.

Ses partenaires l'ont mis à l'aise et l'ont laissé se rétablir seul.
Sy vennote het hom gemaklik gemaak en hom alleen gelaat om te herstel.

Ils remontèrent la rivière pour rassembler un radeau de billes de bois pour Dawson.
Hulle het die rivier opgegaan om 'n vlot saagstompe vir Dawson bymekaar te maak.

Il boitait encore légèrement lorsqu'il a sauvé Buck de la mort.
Hy het nog effens mank geloop toe hy Buck van die dood gered het.

Mais avec le temps chaud qui continue, même cette boiterie a disparu.
Maar met die warm weer wat voortduur, het selfs daardie mankheid verdwyn.

Allongé au bord de la rivière pendant les longues journées de printemps, Buck se reposait.
Terwyl hy gedurende lang lentedae langs die rivieroewer gelê het, het Buck gerus.

Il regardait l'eau couler et écoutait les oiseaux et les insectes.
Hy het die vloeiende water dopgehou en na voëls en insekte geluister.

Lentement, Buck reprit ses forces sous le soleil et le ciel.
Stadig het Buck sy krag onder die son en lug herwin.

Un repos merveilleux après avoir parcouru trois mille kilomètres.
'n Rus het wonderlik gevoel na drieduisend myl se reis.

Buck est devenu paresseux à mesure que ses blessures guérissaient et que son corps se remplissait.

Buck het lui geword soos sy wonde genees het en sy liggaam vol geword het.

Ses muscles se raffermirent et la chair revint recouvrir ses os.
Sy spiere het stewig geword, en vlees het teruggekeer om sy bene te bedek.

Ils se reposaient tous : Buck, Thornton, Skeet et Nig.
Hulle het almal gerus — Buck, Thornton, Skeet en Nig.

Ils attendaient le radeau qui allait les transporter jusqu'à Dawson.
Hulle het gewag vir die vlot wat hulle na Dawson sou dra.

Skeet était un petit setter irlandais qui s'est lié d'amitié avec Buck.
Skeet was 'n klein Ierse setter wat vriende gemaak het met Buck.

Buck était trop faible et malade pour lui résister lors de leur première rencontre.
Buck was te swak en siek om haar tydens hul eerste ontmoeting te weerstaan.

Skeet avait le trait de guérisseur que certains chiens possèdent naturellement.
Skeet het die geneserstrek gehad wat sommige honde natuurlik besit.

Comme une mère chatte, elle lécha et nettoya les blessures à vif de Buck.
Soos 'n moederkat het sy Buck se rou wonde gelek en skoongemaak.

Chaque matin, après le petit-déjeuner, elle répétait son travail minutieux.
Elke oggend na ontbyt het sy haar noukeurige werk herhaal.

Buck s'attendait à son aide autant qu'à celle de Thornton.
Buck het haar hulp net soveel verwag as Thornton s'n.

Nig était également amical, mais moins ouvert et moins affectueux.
Nig was ook vriendelik, maar minder oop en minder liefdevol.

Nig était un gros chien noir, à la fois chien de Saint-Hubert et chien de chasse.

Nig was 'n groot swart hond, deels bloedhond en deels herthond.

Il avait des yeux rieurs et une infinie bonne nature dans son esprit.

Hy het laggende oë en 'n eindelose goeie geaardheid in sy gees gehad.

À la surprise de Buck, aucun des deux chiens n'a montré de jalousie envers lui.

Tot Buck se verbasing het nie een van die honde jaloesie teenoor hom getoon nie.

Skeet et Nig ont tous deux partagé la gentillesse de John Thornton.

Beide Skeet en Nig het die vriendelikheid van John Thornton gedeel.

À mesure que Buck devenait plus fort, ils l'ont attiré dans des jeux de chiens stupides.

Soos Buck sterker geword het, het hulle hom in dwase hondespeletjies gelok.

Thornton jouait souvent avec eux aussi, incapable de résister à leur joie.

Thornton het ook dikwels saam met hulle gespeel, nie in staat om hul vreugde te weerstaan nie.

De cette manière ludique, Buck est passé de la maladie à une nouvelle vie.

Op hierdie speelse manier het Buck van siekte na 'n nuwe lewe oorgegaan.

L'amour – un amour véritable, brûlant et passionné – était enfin à lui.

Liefde — ware, brandende en passievolle liefde — was uiteindelik syne.

Il n'avait jamais connu ce genre d'amour dans le domaine de Miller.

Hy het nog nooit hierdie soort liefde op Miller se landgoed geken nie.

Avec les fils du juge, il avait partagé le travail et l'aventure.

Met die Regter se seuns het hy werk en avontuur gedeel.

Chez les petits-fils, il vit une fierté raide et vantarde.

By die kleinseuns het hy stywe en grootpraterige trots gesien.
Il entretenait avec le juge Miller lui-même une amitié respectueuse.
Met Regter Miller self het hy 'n respekvolle vriendskap gehad.
Mais l'amour qui était feu, folie et adoration est venu avec Thornton.
Maar liefde wat vuur, waansin en aanbidding was, het saam met Thornton gekom.
Cet homme avait sauvé la vie de Buck, et cela seul signifiait beaucoup.
Hierdie man het Buck se lewe gered, en dit alleen het baie beteken.
Mais plus que cela, John Thornton était le type de maître idéal.
Maar meer as dit, was John Thornton die ideale soort meester.
D'autres hommes s'occupaient de chiens par devoir ou par nécessité professionnelle.
Ander mans het uit plig of sakebehoeftes na honde omgesien.
John Thornton prenait soin de ses chiens comme s'ils étaient ses enfants.
John Thornton het vir sy honde gesorg asof hulle sy kinders was.
Il prenait soin d'eux parce qu'il les aimait et qu'il ne pouvait tout simplement pas s'en empêcher.
Hy het vir hulle omgegee omdat hy hulle liefgehad het en dit eenvoudig nie kon help nie.
John Thornton a vu encore plus loin que la plupart des hommes n'ont jamais réussi à voir.
John Thornton het selfs verder gesien as wat die meeste mans ooit kon sien.
Il n'oubliait jamais de les saluer gentiment ou de leur adresser un mot d'encouragement.
Hy het nooit vergeet om hulle vriendelik te groet of 'n opbeurende woordjie te spreek nie.
Il adorait s'asseoir avec les chiens pour de longues conversations, ou « gazeuses », comme il disait.

Hy was mal daaroor om saam met die honde te sit vir lang gesprekke, of "gassig", soos hy gesê het.

Il aimait saisir brutalement la tête de Buck entre ses mains fortes.

Hy het daarvan gehou om Buck se kop ruweg tussen sy sterk hande te gryp.

Puis il posa sa tête contre celle de Buck et le secoua doucement.

Toe het hy sy eie kop teen Buck s'n laat rus en hom saggies geskud.

Pendant tout ce temps, il traitait Buck de noms grossiers qui signifiaient de l'amour pour Buck.

Die hele tyd het hy Buck onbeskofte name genoem wat vir Buck liefde beteken het.

Pour Buck, cette étreinte brutale et ces mots ont apporté une joie profonde.

Vir Buck het daardie growwe omhelsing en daardie woorde diepe vreugde gebring.

Son cœur semblait se déchaîner de bonheur à chaque mouvement.

Sy hart het met elke beweging losgebewe van geluk.

Lorsqu'il se releva ensuite, sa bouche semblait rire.

Toe hy daarna opspring, het sy mond gelyk asof dit lag.

Ses yeux brillaient et sa gorge tremblait d'une joie inexprimée.

Sy oë het helder geskyn en sy keel het gebewe van onuitgesproke vreugde.

Son sourire resta figé dans cet état d'émotion et d'affection rayonnante.

Sy glimlag het stilgestaan in daardie toestand van emosie en gloeiende toegeneentheid.

Thornton s'exclama alors pensivement : « Mon Dieu ! Il peut presque parler ! »

Toe roep Thornton peinsend uit: "God! Hy kan amper praat!"

Buck avait une étrange façon d'exprimer son amour qui causait presque de la douleur.

Buck het 'n vreemde manier gehad om liefde uit te druk wat amper pyn veroorsaak het.

Il serrait souvent très fort la main de Thornton entre ses dents.

Hy het Thornton se hand dikwels baie styf tussen sy tande vasgegryp.

La morsure allait laisser des marques profondes qui resteraient un certain temps après.

Die byt sou diep merke laat wat nog 'n rukkie daarna gebly het.

Buck croyait que ces serments étaient de l'amour, et Thornton savait la même chose.

Buck het geglo dat daardie ede liefde was, en Thornton het dieselfde geweet.

Le plus souvent, l'amour de Buck se manifestait par une adoration silencieuse, presque silencieuse.

Meestal het Buck se liefde in stil, amper stille aanbidding gewys.

Bien qu'il soit ravi lorsqu'on le touche ou qu'on lui parle, il ne cherche pas à attirer l'attention.

Alhoewel hy opgewonde was wanneer hy aangeraak of met hom gepraat is, het hy nie aandag gesoek nie.

Skeet a poussé son nez sous la main de Thornton jusqu'à ce qu'il la caresse.

Skeet het haar neus onder Thornton se hand gestamp totdat hy haar gestreel het.

Nig s'approcha tranquillement et posa sa grosse tête sur le genou de Thornton.

Nig het stil aangestap en sy groot kop op Thornton se knie laat rus.

Buck, au contraire, se contentait d'aimer à distance respectueuse.

Buck, daarenteen, was tevrede om van 'n respekvolle afstand lief te hê.

Il resta allongé pendant des heures aux pieds de Thornton, alerte et observant attentivement.

Hy het ure lank aan Thornton se voete gelê, waaksaam en fyn dopgehou.

Buck étudiait chaque détail du visage de son maître et le moindre mouvement.

Buck het elke detail van sy meester se gesig en geringste beweging bestudeer.

Ou bien il était allongé plus loin, étudiant la silhouette de l'homme en silence.

Of verder weg gelieg, die man se vorm in stilte bestudeer.

Buck observait chaque petit mouvement, chaque changement de posture ou de geste.

Buck het elke klein beweging, elke verandering in postuur of gebaar dopgehou.

Ce lien était si puissant qu'il attirait souvent le regard de Thornton.

So kragtig was hierdie verbintenis dat dit Thornton se blik dikwels getrek het.

Il rencontra les yeux de Buck sans un mot, l'amour brillant clairement à travers.

Hy het Buck se oë sonder woorde ontmoet, liefde wat duidelik deurskyn.

Pendant longtemps après avoir été sauvé, Buck n'a jamais laissé Thornton hors de vue.

Vir 'n lang ruk nadat hy gered is, het Buck Thornton nooit uit sig gelaat nie.

Chaque fois que Thornton quittait la tente, Buck le suivait de près à l'extérieur.

Wanneer Thornton die tent verlaat het, het Buck hom noukeurig buite gevolg.

Tous les maîtres sévères du Northland avaient fait que Buck avait peur de faire confiance.

Al die harde meesters in die Noordland het Buck bang gemaak om te vertrou.

Il craignait qu'aucun homme ne puisse rester son maître plus d'un court instant.

Hy het gevrees dat geen man vir langer as 'n kort tydjie sy meester kon bly nie.

Il craignait que John Thornton ne disparaisse comme Perrault et François.
Hy het gevrees dat John Thornton sou verdwyn soos Perrault en François.
Même la nuit, la peur de le perdre hantait le sommeil agité de Buck.
Selfs snags het die vrees om hom te verloor Buck se rustelose slaap teister.
Quand Buck se réveilla, il se glissa dehors dans le froid et se dirigea vers la tente.
Toe Buck wakker word, het hy in die koue uitgekruip en na die tent gegaan.
Il écoutait attentivement le doux bruit de la respiration à l'intérieur.
Hy het aandagtig geluister na die sagte geluid van asemhaling binne.
Malgré l'amour profond de Buck pour John Thornton, la nature sauvage est restée vivante.
Ten spyte van Buck se diep liefde vir John Thornton, het die wildernis aan die lewe gebly.
Cet instinct primitif, éveillé dans le Nord, n'a pas disparu.
Daardie primitiewe instink, wat in die Noorde ontwaak het, het nie verdwyn nie.
L'amour a apporté la dévotion, la loyauté et le lien chaleureux du coin du feu.
Liefde het toewyding, lojaliteit en die warm band van die vuurkant gebring.
Mais Buck a également conservé son instinct sauvage, vif et toujours en alerte.
Maar Buck het ook sy wilde instinkte skerp en altyd waaksaam behou.
Il n'était pas seulement un animal de compagnie apprivoisé venu des terres douces de la civilisation.
Hy was nie net 'n getemde troeteldier uit die sagte lande van die beskawing nie.
Buck était un être sauvage qui était venu s'asseoir près du feu de Thornton.

Buck was 'n wilde wese wat ingekom het om by Thornton se vuur te sit.
Il ressemblait à un chien du Southland, mais la sauvagerie vivait en lui.
Hy het gelyk soos 'n Suidland-hond, maar wildheid het in hom gewoon.
Son amour pour Thornton était trop grand pour permettre de voler cet homme.
Sy liefde vir Thornton was te groot om diefstal van die man toe te laat.
Mais dans n'importe quel autre camp, il volerait avec audace et sans relâche.
Maar in enige ander kamp sou hy dapper en sonder om te pouseer steel.
Il était si habile à voler que personne ne pouvait l'attraper ou l'accuser.
Hy was so slim met steel dat niemand hom kon vang of beskuldig nie.
Son visage et son corps étaient couverts de cicatrices dues à de nombreux combats passés.
Sy gesig en liggaam was bedek met letsels van talle vorige gevegte.
Buck se battait toujours avec acharnement, mais maintenant il se battait avec plus de ruse.
Buck het steeds woes geveg, maar nou het hy met meer listigheid geveg.
Skeet et Nig étaient trop doux pour se battre, et ils appartenaient à Thornton.
Skeet en Nig was te saggeaard om te veg, en hulle was Thornton s'n.
Mais tout chien étranger, aussi fort ou courageux soit-il, cédait.
Maar enige vreemde hond, maak nie saak hoe sterk of dapper nie, het padgegee.
Sinon, le chien se retrouvait à lutter contre Buck, à se battre pour sa vie.

Andersins het die hond homself bevind in die stryd teen Buck; veg vir sy lewe.

Buck n'a eu aucune pitié une fois qu'il a choisi de se battre contre un autre chien.

Buck het geen genade gehad toe hy gekies het om teen 'n ander hond te veg nie.

Il avait bien appris la loi du gourdin et des crocs dans le Nord.

Hy het die wet van knuppel en slagtand in die Noordland goed geleer.

Il n'a jamais abandonné un avantage et n'a jamais reculé devant la bataille.

Hy het nooit 'n voordeel prysgegee nie en nooit van die geveg teruggedeins nie.

Il avait étudié les Spitz et les chiens les plus féroces de la poste et de la police.

Hy het Spitz en die felste honde van pos en polisie bestudeer.

Il savait clairement qu'il n'y avait pas de juste milieu dans un combat sauvage.

Hy het duidelik geweet daar was geen middelweg in wilde gevegte nie.

Il doit gouverner ou être gouverné ; faire preuve de miséricorde signifie faire preuve de faiblesse.

Hy moet regeer of regeer word; om genade te toon, het beteken om swakheid te toon.

La miséricorde était inconnue dans le monde brut et brutal de la survie.

Genade was onbekend in die rou en brutale wêreld van oorlewing.

Faire preuve de miséricorde était perçu comme de la peur, et la peur menait rapidement à la mort.

Om genade te betoon is as vrees gesien, en vrees het vinnig tot die dood gelei.

L'ancienne loi était simple : tuer ou être tué, manger ou être mangé.

Die ou wet was eenvoudig: doodmaak of doodgemaak word, eet of geëet word.

Cette loi venait des profondeurs du temps, et Buck la suivait pleinement.
Daardie wet het uit die dieptes van tyd gekom, en Buck het dit ten volle gevolg.
Buck était plus vieux que son âge et que le nombre de respirations qu'il prenait.
Buck was ouer as sy jare en die aantal asemteue wat hy geneem het.
Il a clairement relié le passé ancien au moment présent.
Hy het die antieke verlede duidelik met die huidige oomblik verbind.
Les rythmes profonds des âges le traversaient comme les marées.
Die diep ritmes van die eeue het deur hom beweeg soos die getye.
Le temps pulsait dans son sang aussi sûrement que les saisons faisaient bouger la terre.
Tyd het in sy bloed gepulseer so seker soos seisoene die aarde beweeg het.
Il était assis près du feu de Thornton, la poitrine forte et les crocs blancs.
Hy het by Thornton se vuur gesit, met 'n sterk bors en wit tande.
Sa longue fourrure ondulait, mais derrière lui, les esprits des chiens sauvages observaient.
Sy lang pels het gewaai, maar agter hom het die geeste van wildehonde gekyk.
Des demi-loups et des loups à part entière s'agitaient dans son cœur et dans ses sens.
Halfwolwe en volle wolwe het in sy hart en sintuie geroer.
Ils goûtèrent sa viande et burent la même eau que lui.
Hulle het sy vleis geproe en dieselfde water gedrink as wat hy gedoen het.
Ils reniflaient le vent à ses côtés et écoutaient la forêt.
Hulle het die wind langs hom geruik en na die woud geluister.

Ils murmuraient la signification des sons sauvages dans l'obscurité.
Hulle het die betekenisse van die wilde geluide in die donkerte gefluister.

Ils façonnaient ses humeurs et guidaient chacune de ses réactions silencieuses.
Hulle het sy gemoedstoestand gevorm en elkeen van sy stil reaksies gelei.

Ils se sont couchés avec lui pendant son sommeil et sont devenus une partie de ses rêves profonds.
Hulle het by hom gelê terwyl hy geslaap het en deel geword van sy diep drome.

Ils rêvaient avec lui, au-delà de lui, et constituaient son esprit même.
Hulle het saam met hom gedroom, verder as hom, en sy gees opgemaak.

Les esprits de la nature appelèrent si fort que Buck se sentit attiré.
Die geeste van die wildernis het so sterk geroep dat Buck gevoel het of hulle hom aangetrek het.

Chaque jour, l'humanité et ses revendications s'affaiblissaient dans le cœur de Buck.
Elke dag het die mensdom en sy eise swakker geword in Buck se hart.

Au plus profond de la forêt, un appel étrange et palpitant allait s'élever.
Diep in die woud sou 'n vreemde en opwindende roep opkom.

Chaque fois qu'il entendait l'appel, Buck ressentait une envie à laquelle il ne pouvait résister.
Elke keer as hy die roep gehoor het, het Buck 'n drang gevoel wat hy nie kon weerstaan nie.

Il allait se détourner du feu et des sentiers battus des humains.
Hy sou van die vuur en van die gebaande menslike paaie afwyk.

Il allait s'enfoncer dans la forêt, avançant sans savoir pourquoi.
Hy was op pad die woud in te stort, vorentoe te gaan sonder om te weet hoekom.

Il ne remettait pas en question cette attraction, car l'appel était profond et puissant.
Hy het hierdie aantrekkingskrag nie bevraagteken nie, want die roepstem was diep en kragtig.

Souvent, il atteignait l'ombre verte et la terre douce et intacte
Dikwels het hy die groen skaduwee en sagte, ongerepte aarde bereik

Mais ensuite, son amour profond pour John Thornton l'a ramené vers le feu.
Maar toe trek die sterk liefde vir John Thornton hom terug na die vuur.

Seul John Thornton tenait véritablement le cœur sauvage de Buck entre ses mains.
Slegs John Thornton het Buck se wilde hart werklik in sy greep gehou.

Le reste de l'humanité n'avait aucune valeur ni signification durable pour Buck.
Die res van die mensdom het geen blywende waarde of betekenis vir Buck gehad nie.

Les étrangers pourraient le féliciter ou caresser sa fourrure avec des mains amicales.
Vreemdelinge mag hom prys of sy pels met vriendelike hande streel.

Buck resta impassible et s'éloigna à cause de trop d'affection.
Buck het onbewogen gebly en weggeloop weens te veel liefde.

Hans et Pete sont arrivés avec le radeau qu'ils attendaient depuis longtemps
Hans en Pete het aangekom met die vlot wat lank verwag is.

Buck les a ignorés jusqu'à ce qu'il apprenne qu'ils étaient proches de Thornton.
Buck het hulle geïgnoreer totdat hy uitgevind het dat hulle naby Thornton was.

Après cela, il les a tolérés, mais ne leur a jamais montré toute sa chaleur.
Daarna het hy hulle verdra, maar nooit volle warmte aan hulle getoon nie.

Il prenait de la nourriture ou des marques de gentillesse de leur part comme s'il leur rendait service.
Hy het kos of vriendelikheid van hulle geneem asof hy hulle 'n guns bewys het.

Ils étaient comme Thornton : simples, honnêtes et clairs dans leurs pensées.
Hulle was soos Thornton — eenvoudig, eerlik en helder in denke.

Tous ensemble, ils se rendirent à la scierie de Dawson et au grand tourbillon
Almal saam het hulle na Dawson se saagmeule en die groot draaikolk gereis

Au cours de leur voyage, ils ont appris à comprendre profondément la nature de Buck.
Op hul reis het hulle geleer om Buck se aard diep te verstaan.

Ils n'ont pas essayé de se rapprocher comme Skeet et Nig l'avaient fait.
Hulle het nie probeer om nader aan mekaar te kom soos Skeet en Nig gedoen het nie.

Mais l'amour de Buck pour John Thornton n'a fait que s'approfondir avec le temps.
Maar Buck se liefde vir John Thornton het mettertyd net verdiep.

Seul Thornton pouvait placer un sac sur le dos de Buck en été.
Slegs Thornton kon in die somer 'n pak op Buck se rug plaas.

Quoi que Thornton ordonne, Buck était prêt à l'exécuter pleinement.
Wat Thornton ook al beveel het, Buck was bereid om ten volle te doen.

Un jour, après avoir quitté Dawson pour les sources du Tanana,

Eendag, nadat hulle Dawson verlaat het vir die oorsprong van die Tanana,

le groupe était assis sur une falaise qui descendait d'un mètre jusqu'au substrat rocheux nu.

Die groep het op 'n krans gesit wat drie voet tot by die kaal rotsbodem gedaal het.

John Thornton était assis près du bord et Buck se reposait à côté de lui.

John Thornton het naby die rand gesit, en Buck het langs hom gerus.

Thornton eut une pensée soudaine et attira l'attention des hommes.

Thornton het skielik 'n gedagte gehad en die mans se aandag getrek.

Il désigna le gouffre et donna un seul ordre à Buck.

Hy het oor die kloof gewys en vir Buck 'n enkele bevel gegee.

« Saute, Buck ! » dit-il en balançant son bras au-dessus de la chute.

"Spring, Buck!" het hy gesê en sy arm oor die vallei geswaai.

En un instant, il dut attraper Buck, qui sautait pour obéir.

Binne 'n oomblik moes hy Buck gryp, wat opgespring het om te gehoorsaam.

Hans et Pete se sont précipités en avant et ont ramené les deux hommes en sécurité.

Hans en Pete het vorentoe gehardloop en albei terug na veiligheid getrek.

Une fois que tout fut terminé et qu'ils eurent repris leur souffle, Pete prit la parole.

Nadat alles verby was, en hulle asemgehaal het, het Pete gepraat.

« L'amour est étrange », dit-il, secoué par la dévotion féroce du chien.

"Die liefde is ongelooflik," het hy gesê, geskud deur die hond se vurige toewyding.

Thornton secoua la tête et répondit avec un sérieux calme.

Thornton het sy kop geskud en met kalm erns geantwoord.

« Non, l'amour est splendide », dit-il, « mais aussi terrible. »

"Nee, die liefde is wonderlik," het hy gesê, "maar ook verskriklik."

« Parfois, je dois l'admettre, ce genre d'amour me fait peur. »

"Soms, moet ek erken, maak hierdie soort liefde my bang."

Pete hocha la tête et dit : « Je détesterais être l'homme qui te touche. »

Pete het geknik en gesê: "Ek sou dit haat om die man te wees wat jou aanraak."

Il regarda Buck pendant qu'il parlait, sérieux et plein de respect.

Hy het na Buck gekyk terwyl hy gepraat het, ernstig en vol respek.

« Py Jingo ! » s'empressa de dire Hans. « Moi non plus, non monsieur. »

"Py Jingo!" sê Hans vinnig. "Ek ook nie, meneer."

Avant la fin de l'année, les craintes de Pete se sont réalisées à Circle City.

Voor die einde van die jaar het Pete se vrese by Circle City waar geword.

Un homme cruel nommé Black Burton a provoqué une bagarre dans le bar.

'n Wrede man met die naam Black Burton het 'n bakleiery in die kroeg begin.

Il était en colère et malveillant, s'en prenant à un nouveau tendre.

Hy was kwaad en kwaadwillig, en het teen 'n nuwe teervoet uitgevaar.

John Thornton est intervenu, calme et de bonne humeur comme toujours.

John Thornton het ingegryp, kalm en goedgesind soos altyd.

Buck était allongé dans un coin, la tête baissée, observant Thornton de près.

Buck het in 'n hoek gelê, kop na onder, en Thornton stip dopgehou.

Burton frappa soudainement, son coup envoyant Thornton tourner.

Burton het skielik toegeslaan, sy hou het Thornton laat draai.
Seule la barre du bar l'a empêché de s'écraser violemment au sol.
Net die stang se reling het gekeer dat hy hard op die grond neerstort.
Les observateurs ont entendu un son qui n'était ni un aboiement ni un cri.
Die kykers het 'n geluid gehoor wat nie blaf of gegil was nie
un rugissement profond sortit de Buck alors qu'il se lançait vers l'homme.
'n Diep gebrul het van Buck gekom toe hy na die man toe hardloop.
Burton a levé le bras et a sauvé sa vie de justesse.
Burton het sy arm in die lug gegooi en skaars sy eie lewe gered.
Buck l'a percuté, le faisant tomber à plat sur le sol.
Buck het teen hom vasgejaag en hom plat op die vloer neergeslaan.
Buck mordit profondément le bras de l'homme, puis se jeta à la gorge.
Buck het diep in die man se arm gebyt en toe na die keel gegryp.
Burton n'a pu bloquer que partiellement et son cou a été déchiré.
Burton kon net gedeeltelik blokkeer, en sy nek was oopgeskeur.
Des hommes se sont précipités, les bâtons levés, et ont chassé Buck de l'homme ensanglanté.
Mans het ingestorm, knuppels gehys en Buck van die bloeiende man afgedryf.
Un chirurgien est intervenu rapidement pour arrêter l'écoulement du sang.
'n Chirurg het vinnig gewerk om te keer dat die bloed uitvloei.
Buck marchait de long en large et grognait, essayant d'attaquer encore et encore.
Buck het heen en weer gegrom en probeer aanval.
Seuls les coups de massue l'ont empêché d'atteindre Burton.

Slegs swaaistokke het hom daarvan weerhou om Burton te bereik.

Une réunion de mineurs a été convoquée et tenue sur place.
'n Mynwerkersvergadering is daar en daar gehou.

Ils ont convenu que Buck avait été provoqué et ont voté pour le libérer.
Hulle het saamgestem dat Buck uitgelok is en het gestem om hom vry te laat.

Mais le nom féroce de Buck résonnait désormais dans tous les camps d'Alaska.
Maar Buck se vurige naam het nou in elke kamp in Alaska weergalm.

Plus tard cet automne-là, Buck sauva à nouveau Thornton d'une nouvelle manière.
Later daardie herfs het Buck Thornton weer op 'n nuwe manier gered.

Les trois hommes guidaient un long bateau sur des rapides impétueux.
Die drie mans het 'n lang boot deur rowwe stroomversnellings gelei.

Thornton dirigeait le bateau et donnait des indications pour se rendre sur le rivage.
Thornton het die boot beman en aanwysings na die kuslyn geroep.

Hans et Pete couraient sur terre, tenant une corde d'arbre en arbre.
Hans en Pete het op land gehardloop en 'n tou van boom tot boom vasgehou.

Buck suivait le rythme sur la rive, surveillant toujours son maître.
Buck het tred gehou op die oewer, altyd besig om sy meester dop te hou.

À un endroit désagréable, des rochers surplombaient les eaux vives.
Op een nare plek het rotse onder die vinnige water uitgesteek.

Hans lâcha la corde et Thornton dirigea le bateau vers le large.

Hans het die tou losgelaat, en Thornton het die boot wyd gestuur.
Hans sprinta pour rattraper le bateau en passant devant les rochers dangereux.
Hans het gesprint om die boot weer verby die gevaarlike rotse te haal.
Le bateau a franchi le rebord mais a heurté une partie plus forte du courant.
Die boot het die rotsrand oorgesteek, maar 'n sterker deel van die stroom getref.
Hans a attrapé la corde trop vite et a déséquilibré le bateau.
Hans het die tou te vinnig gegryp en die boot uit balans getrek.
Le bateau s'est retourné et a heurté la berge, cul en l'air.
Die boot het omgeslaan en teen die wal gebots, onder na bo.
Thornton a été jeté dehors et emporté dans la partie la plus sauvage de l'eau.
Thornton is uitgegooi en in die wildste deel van die water meegesleur.
Aucun nageur n'aurait pu survivre dans ces eaux mortelles et tumultueuses.
Geen swemmer kon in daardie dodelike, jaagwaters oorleef het nie.
Buck sauta instantanément et poursuivit son maître sur la rivière.
Buck het dadelik ingespring en sy baas die rivier af gejaag.
Après trois cents mètres, il atteignit enfin Thornton.
Na driehonderd meter het hy uiteindelik Thornton bereik.
Thornton attrapa la queue de Buck, et Buck se tourna vers le rivage.
Thornton het Buck se stert gegryp, en Buck het na die strand gedraai.
Il nageait de toutes ses forces, luttant contre la force de l'eau.
Hy het met volle krag geswem en die water se wilde sleur beveg.
Ils se déplaçaient en aval plus vite qu'ils ne pouvaient atteindre le rivage.

Hulle het vinniger stroomaf beweeg as wat hulle die kus kon bereik.

Plus loin, la rivière rugissait plus fort alors qu'elle tombait dans des rapides mortels.

Voor het die rivier harder gebrul terwyl dit in dodelike stroomversnellings geval het.

Les rochers fendaient l'eau comme les dents d'un énorme peigne.

Rotse het deur die water gesny soos die tande van 'n groot kam.

L'attraction de l'eau près de la chute était sauvage et inévitable.

Die aantrekkingskrag van die water naby die druppel was wreed en onontkombaar.

Thornton savait qu'ils ne pourraient jamais atteindre le rivage à temps.

Thornton het geweet hulle sou nooit betyds die kus sou haal nie.

Il a gratté un rocher, s'est écrasé sur un deuxième,

Hy het oor een rots geskraap, oor 'n tweede een geslaan,

Et puis il s'est écrasé contre un troisième rocher, l'attrapant à deux mains.

En toe bots hy teen 'n derde rots en gryp dit met albei hande.

Il lâcha Buck et cria par-dessus le rugissement : « Vas-y, Buck ! Vas-y ! »

Hy het Buck losgelaat en oor die gebrul geskree: "Gaan, Buck! Gaan!"

Buck n'a pas pu rester à flot et a été emporté par le courant.

Buck kon nie drywend bly nie en is deur die stroom meegesleur.

Il s'est battu avec acharnement, s'efforçant de se retourner, mais n'a fait aucun progrès.

Hy het hard geveg, gesukkel om om te draai, maar glad nie vordering gemaak nie.

Puis il entendit Thornton répéter l'ordre par-dessus le rugissement de la rivière.

Toe hoor hy Thornton die bevel oor die rivier se gebrul herhaal.

Buck sortit de l'eau et leva la tête comme pour un dernier regard.

Buck het uit die water opgeklim en sy kop opgelig asof hy vir 'n laaste kyk wou gee.

puis il se retourna et obéit, nageant vers la rive avec résolution.

toe omgedraai en gehoorsaam, en met vasberadenheid na die oewer geswem.

Pete et Hans l'ont tiré à terre au dernier moment possible.

Pete en Hans het hom op die laaste moontlike oomblik aan wal getrek.

Ils savaient que Thornton ne pourrait s'accrocher au rocher que quelques minutes de plus.

Hulle het geweet Thornton kon net nog minute aan die rots vasklou.

Ils coururent sur la berge jusqu'à un endroit bien au-dessus de l'endroit où il était suspendu.

Hulle het teen die wal opgehardloop na 'n plek ver bo waar hy gehang het.

Ils ont soigneusement attaché la ligne du bateau au cou et aux épaules de Buck.

Hulle het die boot se lyn versigtig aan Buck se nek en skouers vasgemaak.

La corde était serrée mais suffisamment lâche pour permettre la respiration et le mouvement.

Die tou was styf maar los genoeg vir asemhaling en beweging.

Puis ils le jetèrent à nouveau dans la rivière tumultueuse et mortelle.

Toe het hulle hom weer in die bruisende, dodelike rivier gegooi.

Buck nageait avec audace mais manquait son angle face à la force du courant.

Buck het dapper geswem, maar sy hoek in die stroom se krag gemis.

Il a vu trop tard qu'il allait dépasser Thornton.

Hy het te laat gesien dat hy verby Thornton gaan dryf.
Hans tira fort sur la corde, comme si Buck était un bateau en train de chavirer.
Hans het die tou styf geruk, asof Buck 'n omslaande boot was.
Le courant l'a entraîné vers le fond et il a disparu sous la surface.
Die stroom het hom ondertoe getrek, en hy het onder die oppervlak verdwyn.
Son corps a heurté la berge avant que Hans et Pete ne le sortent.
Sy liggaam het die wal getref voordat Hans en Pete hom uitgetrek het.
Il était à moitié noyé et ils l'ont chassé de l'eau.
Hy was halfverdrink, en hulle het die water uit hom gedrink.
Buck se leva, tituba et s'effondra à nouveau sur le sol.
Buck het opgestaan, gestruikel en weer op die grond ineengestort.
Puis ils entendirent la voix de Thornton faiblement portée par le vent.
Toe hoor hulle Thornton se stem, vaagweg deur die wind gedra.
Même si les mots n'étaient pas clairs, ils savaient qu'il était proche de la mort.
Alhoewel die woorde onduidelik was, het hulle geweet dat hy naby die dood was.
Le son de la voix de Thornton frappa Buck comme une décharge électrique.
Die geluid van Thornton se stem het Buck soos 'n elektriese skok getref.
Il sauta et courut sur la berge, retournant au point de lancement.
Hy het opgespring en teen die wal op gehardloop, teruggekeer na die beginpunt.
Ils attachèrent à nouveau la corde à Buck, et il entra à nouveau dans le ruisseau.
Weer het hulle die tou aan Buck vasgemaak, en weer het hy die stroom binnegegaan.

Cette fois, il nagea directement et fermement dans l'eau tumultueuse.
Hierdie keer het hy direk en ferm in die stromende water geswem.
Hans laissa sortir la corde régulièrement tandis que Pete l'empêchait de s'emmêler.
Hans het die tou stadig laat los terwyl Pete gekeer het dat dit verstrengel raak.
Buck a nagé avec acharnement jusqu'à ce qu'il soit aligné juste au-dessus de Thornton.
Buck het hard geswem totdat hy net bokant Thornton in 'n lyn gestaan het.
Puis il s'est retourné et a foncé comme un train à toute vitesse.
Toe draai hy om en storm soos 'n trein in volle spoed af.
Thornton le vit arriver, se redressa et entoura son cou de ses bras.
Thornton het hom sien aankom, gestut en sy arms om sy nek gesluit.
Hans a attaché la corde fermement autour d'un arbre alors qu'ils étaient tous les deux entraînés sous l'eau.
Hans het die tou vas om 'n boom vasgemaak terwyl albei ondertoe getrek is.
Ils ont dégringolé sous l'eau, s'écrasant contre des rochers et des débris de la rivière.
Hulle het onder water getuimel en teen rotse en rivierpuin gebots.
Un instant, Buck était au sommet, l'instant d'après, Thornton se levait en haletant.
Die een oomblik was Buck bo-op, die volgende het Thornton hyggend opgestaan.
Battus et étouffés, ils se dirigèrent vers la rive et la sécurité.
Geslaan en verstik, het hulle na die oewer en veiligheid gedraai.
Thornton a repris connaissance, allongé sur un tronc d'arbre.
Thornton het sy bewussyn herwin terwyl hy oor 'n dryfblok gelê het.

Hans et Pete ont travaillé dur pour lui redonner souffle et vie.
Hans en Pete het hom hard gewerk om asem en lewe terug te bring.
Sa première pensée fut pour Buck, qui gisait immobile et mou.
Sy eerste gedagte was aan Buck, wat bewegingloos en slap gelê het.
Nig hurla sur le corps de Buck et Skeet lui lécha doucement le visage.
Nig het oor Buck se liggaam gehuil, en Skeet het sy gesig saggies gelek.
Thornton, endolori et meurtri, examina Buck avec des mains prudentes.
Thornton, seer en gekneus, het Buck met versigtige hande ondersoek.
Il a trouvé trois côtes cassées, mais aucune blessure mortelle chez le chien.
Hy het drie gebreekte ribbes gevind, maar geen dodelike wonde in die hond nie.
« C'est réglé », dit Thornton. « On campe ici. » Et c'est ce qu'ils firent.
"Dit maak die saak af," het Thornton gesê. "Ons kamp hier." En hulle het.
Ils sont restés jusqu'à ce que les côtes de Buck soient guéries et qu'il puisse à nouveau marcher.
Hulle het gebly totdat Buck se ribbes genees het en hy weer kon loop.

Cet hiver-là, Buck accomplit un exploit qui augmenta encore sa renommée.
Daardie winter het Buck 'n prestasie verrig wat sy roem verder verhoog het.
C'était moins héroïque que de sauver Thornton, mais tout aussi impressionnant.
Dit was minder heroïes as om Thornton te red, maar net so indrukwekkend.

À Dawson, les partenaires avaient besoin de provisions pour un long voyage.
By Dawson het die vennote voorraad nodig gehad vir 'n verre reis.

Ils voulaient voyager vers l'Est, dans des terres sauvages et intactes.
Hulle wou Ooswaarts reis, na ongerepte wildernislande.

L'acte de Buck dans l'Eldorado Saloon a rendu ce voyage possible.
Buck se daad in die Eldorado Saloon het daardie reis moontlik gemaak.

Tout a commencé avec des hommes qui se vantaient de leurs chiens en buvant un verre.
Dit het begin met mans wat oor hul honde spog oor drankies.

La renommée de Buck a fait de lui la cible de défis et de doutes.
Buck se roem het hom die teiken van uitdagings en twyfel gemaak.

Thornton, fier et calme, resta ferme dans la défense du nom de Buck.
Thornton, trots en kalm, het ferm gestaan in die verdediging van Buck se naam.

Un homme a déclaré que son chien pouvait facilement tirer deux cents kilos.
Een man het gesê sy hond kon met gemak vyfhonderd pond trek.

Un autre a dit six cents, et un troisième s'est vanté d'en avoir sept cents.
Nog een het ses honderd gesê, en 'n derde het gespog met sewe honderd.

« Pfft ! » dit John Thornton, « Buck peut tirer un traîneau de mille livres. »
"Pfft!" sê John Thornton, "Buck kan 'n duisend pond-slee trek."

Matthewson, un roi de Bonanza, s'est penché en avant et l'a défié.

Matthewson, 'n Bonanza-koning, het vorentoe geleun en hom uitgedaag.

« Tu penses qu'il peut mettre autant de poids en mouvement ? »

"Dink jy hy kan soveel gewig in beweging sit?"

« Et tu penses qu'il peut tirer le poids sur une centaine de mètres ? »

"En jy dink hy kan die gewig 'n volle honderd meter trek?"

Thornton répondit froidement : « Oui. Buck est assez doué pour le faire. »

Thornton het koel geantwoord: "Ja. Buck is hond genoeg om dit te doen."

« Il mettra mille livres en mouvement et le tirera sur une centaine de mètres. »

"Hy sal 'n duisend pond in beweging sit en dit honderd meter trek."

Matthewson sourit lentement et s'assura que tous les hommes entendaient ses paroles.

Matthewson het stadig geglimlag en seker gemaak dat alle mans sy woorde hoor.

« J'ai mille dollars qui disent qu'il ne peut pas. Le voilà. »

"Ek het 'n duisend dollar wat sê hy kan nie. Daar is dit."

Il a claqué un sac de poussière d'or de la taille d'une saucisse sur le bar.

Hy het 'n sak goudstof so groot soos wors op die kroegtoonbank gegooi.

Personne ne dit un mot. Le silence devint pesant et tendu autour d'eux.

Niemand het 'n woord gesê nie. Die stilte het swaar en gespanne om hulle geword.

Le bluff de Thornton – s'il en était un – avait été pris au sérieux.

Thornton se bluf—as dit een was—is ernstig opgeneem.

Il sentit la chaleur monter sur son visage tandis que le sang affluait sur ses joues.

Hy het gevoel hoe die hitte in sy gesig opstyg terwyl die bloed na sy wange gestorm het.

Sa langue avait pris le pas sur sa raison à ce moment-là.
Sy tong het op daardie oomblik sy rede vooruitgeloop.
Il ne savait vraiment pas si Buck pouvait déplacer mille livres.
Hy het werklik nie geweet of Buck 'n duisend pond kon skuif nie.
Une demi-tonne ! Rien que sa taille lui pesait le cœur.
'n Halwe ton! Die grootte daarvan alleen het sy hart swaar laat voel.
Il avait foi en la force de Buck et le pensait capable.
Hy het vertroue in Buck se krag gehad en hom bekwaam geag.
Mais il n'avait jamais été confronté à ce genre de défi, pas comme celui-ci.
Maar hy het nog nooit hierdie soort uitdaging in die gesig gestaar nie, nie soos hierdie nie.
Une douzaine d'hommes l'observaient tranquillement, attendant de voir ce qu'il allait faire.
'n Dosyn mans het hom stil dopgehou en gewag om te sien wat hy sou doen.
Il n'avait pas d'argent, ni Hans ni Pete.
Hy het nie die geld gehad nie — ook nie Hans of Pete nie.
« J'ai un traîneau dehors », dit Matthewson froidement et directement.
"Ek het 'n slee buite," het Matthewson koud en direk gesê.
« Il est chargé de vingt sacs de cinquante livres chacun, tous de farine.
"Dit is gelaai met twintig sakke, vyftig pond elk, alles meel."
« Alors ne laissez pas un traîneau manquant devenir votre excuse maintenant », a-t-il ajouté.
Moet dus nie nou 'n vermiste slee jou verskoning laat wees nie," het hy bygevoeg.
Thornton resta silencieux. Il ne savait pas quels mots lui dire.
Thornton het stil gestaan. Hy het nie geweet watter woorde om te bied nie.
Il regarda les visages autour de lui sans les voir clairement.

Hy het rondgekyk na die gesigte sonder om hulle duidelik te sien.
Il ressemblait à un homme figé dans ses pensées, essayant de redémarrer.
Hy het gelyk soos 'n man wat in gedagte gevries was en probeer het om weer te begin.
Puis il a vu Jim O'Brien, un ami de l'époque Mastodon.
Toe sien hy Jim O'Brien, 'n vriend van die Mastodon-dae.
Ce visage familier lui a donné un courage qu'il ne savait pas avoir.
Daardie bekende gesig het hom moed gegee wat hy nie geweet het hy het nie.
Il se tourna et demanda à voix basse : « Peux-tu me prêter mille ? »
Hy het omgedraai en saggies gevra: "Kan jy my duisend leen?"
« Bien sûr », dit O'Brien, laissant déjà tomber un lourd sac près de l'or.
"Seker," het O'Brien gesê en reeds 'n swaar sak by die goud laat val.
« Mais honnêtement, John, je ne crois pas que la bête puisse faire ça. »
"Maar eerlikwaar, John, ek glo nie die dier kan dit doen nie."
Tout le monde dans le Saloon Eldorado s'est précipité dehors pour voir l'événement.
Almal in die Eldorado Saloon het buitentoe gehardloop om die geleentheid te sien.
Ils ont laissé les tables et les boissons, et même les jeux ont été interrompus.
Hulle het tafels en drankies gelos, en selfs die speletjies is onderbreek.
Les croupiers et les joueurs sont venus assister à la fin de ce pari audacieux.
Handelaars en dobbelaars het gekom om die einde van die gewaagde weddenskap te aanskou.
Des centaines de personnes se sont rassemblées autour du traîneau dans la rue glacée.

Honderde het om die slee in die ysige oop straat saamgedrom.
Le traîneau de Matthewson était chargé d'une charge complète de sacs de farine.
Matthewson se slee het met 'n vol vrag meelsakke gestaan.
Le traîneau était resté immobile pendant des heures à des températures négatives.
Die slee het ure lank in minustemperature gestaan.
Les patins du traîneau étaient gelés et collés à la neige tassée.
Die slee se lopers was styf teen die neergepakte sneeu vasgevries.
Les hommes ont offert une cote de deux contre un que Buck ne pourrait pas déplacer le traîneau.
Mans het twee-tot-een kanse gebied dat Buck nie die slee kon skuif nie.
Une dispute a éclaté sur ce que signifiait réellement « sortir ».
'n Geskil het ontstaan oor wat "uitbreek" werklik beteken.
O'Brien a déclaré que Thornton devrait desserrer la base gelée du traîneau.
O'Brien het gesê Thornton moet die slee se bevrore basis losmaak.
Buck pourrait alors « sortir » d'un départ solide et immobile.
Buck kon dan uit 'n stewige, beweginglose begin "uitbreek".
Matthewson a soutenu que le chien devait également libérer les coureurs.
Matthewson het aangevoer die hond moet ook die hardlopers losbreek.
Les hommes qui avaient entendu le pari étaient d'accord avec le point de vue de Matthewson.
Die mans wat die weddenskap gehoor het, het met Matthewson se siening saamgestem.
Avec cette décision, les chances sont passées à trois contre un contre Buck.
Met daardie uitspraak het die kanse tot drie-tot-een teen Buck gestyg.

Personne ne s'est manifesté pour prendre en compte les chances croissantes de trois contre un.
Niemand het vorentoe getree om die groeiende drie-tot-een kans te aanvaar nie.

Pas un seul homme ne croyait que Buck pouvait accomplir un tel exploit.
Nie 'n enkele man het geglo dat Buck die groot prestasie kon verrig nie.

Thornton s'était précipité dans le pari, lourd de doutes.
Thornton was inderhaas in die weddenskap ingesluit, swaar van twyfel.

Il regarda alors le traîneau et l'attelage de dix chiens à côté.
Nou het hy na die slee en die span van tien honde langsaan gekyk.

En voyant la réalité de la tâche, elle semblait encore plus impossible.
Om die werklikheid van die taak te sien, het dit meer onmoontlik laat lyk.

Matthewson était plein de fierté et de confiance à ce moment-là.
Matthewson was op daardie oomblik vol trots en selfvertroue.

« Trois contre un ! » cria-t-il. « Je parie mille de plus, Thornton !
"Drie teen een!" het hy geskree. "Ek wed nog 'n duisend, Thornton!"

« Que dites-vous ? » ajouta-t-il, assez fort pour que tout le monde l'entende.
"Wat sê jy?" het hy bygevoeg, hard genoeg sodat almal dit kon hoor.

Le visage de Thornton exprimait ses doutes, mais son esprit s'était élevé.
Thornton se gesig het sy twyfel getoon, maar sy gees het opgestaan.

Cet esprit combatif ignorait les probabilités et ne craignait rien du tout.
Daardie veggees het die kanse geïgnoreer en glad nie gevrees nie.

Il a appelé Hans et Pete pour apporter tout leur argent sur la table.
Hy het vir Hans en Pete gebel om al hulle kontant na die tafel te bring.

Il ne leur restait plus grand-chose : seulement deux cents dollars au total.
Hulle het min oorgehad—slegs tweehonderd dollar saam.

Cette petite somme représentait toute leur fortune pendant les temps difficiles.
Hierdie klein bedrag was hul totale fortuin gedurende moeilike tye.

Pourtant, ils ont misé toute leur fortune contre le pari de Matthewson.
Tog het hulle al die fortuin teen Matthewson se weddenskap neergelê.

L'attelage de dix chiens a été dételé et éloigné du traîneau.
Die span van tien honde is losgekoppel en het van die slee wegbeweeg.

Buck a été placé dans les rênes, portant son harnais familier.
Buck is in die teuels geplaas, met sy bekende harnas aan.

Il avait capté l'énergie de la foule et ressenti la tension.
Hy het die energie van die skare vasgevang en die spanning aangevoel.

D'une manière ou d'une autre, il savait qu'il devait faire quelque chose pour John Thornton.
Op een of ander manier het hy geweet hy moes iets vir John Thornton doen.

Les gens murmuraient avec admiration devant la fière silhouette du chien.
Mense het met bewondering gemompel oor die hond se trotse figuur.

Il était mince et fort, sans une seule once de chair supplémentaire.
Hy was maer en sterk, sonder 'n enkele ekstra greintjie vleis.

Son poids total de cent cinquante livres n'était que puissance et endurance.

Sy volle gewig van honderd-en-vyftig pond was alles krag en uithouvermoë.

Le pelage de Buck brillait comme de la soie, épais de santé et de force.

Buck se jas het geglim soos sy, dik van gesondheid en krag.

La fourrure le long de son cou et de ses épaules semblait se soulever et se hérisser.

Die pels langs sy nek en skouers het gelyk of dit lig en borsel.

Sa crinière bougeait légèrement, chaque cheveu vivant de sa grande énergie.

Sy maanhare het effens beweeg, elke haar lewendig met sy groot energie.

Sa large poitrine et ses jambes fortes correspondaient à sa silhouette lourde et robuste.

Sy breë bors en sterk bene het by sy swaar, taai liggaam gepas.

Des muscles ondulaient sous son manteau, tendus et fermes comme du fer lié.

Spiere het onder sy jas geriffel, styf en ferm soos gebonde yster.

Les hommes le touchaient et juraient qu'il était bâti comme une machine en acier.

Mans het hom aangeraak en gesweer hy was gebou soos 'n staalmasjien.

Les chances ont légèrement baissé à deux contre un contre le grand chien.

Die kans het effens gedaal tot twee teen een teen die groot hond.

Un homme des bancs de Skookum s'avança en bégayant.

'n Man van die Skookum-banke het hakkelend vorentoe gestoot.

« Bien, monsieur ! J'offre huit cents pour lui – avant l'examen, monsieur ! »

"Goed, meneer! Ek bied agthonderd vir hom—voor die toets, meneer!"

« Huit cents, tel qu'il est en ce moment ! » insista l'homme.

"Agt honderd, soos hy nou staan!" het die man aangedring.

Thornton s'avança, sourit et secoua calmement la tête.

Thornton het vorentoe getree, geglimlag en kalm sy kop geskud.
Matthewson est rapidement intervenu avec une voix d'avertissement et un froncement de sourcils.
Matthewson het vinnig met 'n waarskuwende stem en frons ingegryp.
« Éloignez-vous de lui », dit-il. « Laissez-lui de l'espace. »
"Jy moet van hom af wegstap," het hy gesê. "Gee hom ruimte."
La foule se tut ; seuls les joueurs continuaient à miser deux contre un.
Die skare het stil geword; slegs dobbelaars het steeds twee teen een aangebied.
Tout le monde admirait la carrure de Buck, mais la charge semblait trop lourde.
Almal het Buck se bou bewonder, maar die lading het te groot gelyk.
Vingt sacs de farine, pesant chacun cinquante livres, semblaient beaucoup trop.
Twintig sakke meel—elk vyftig pond in gewig—het heeltemal te veel gelyk.
Personne n'était prêt à ouvrir sa bourse et à risquer son argent.
Niemand was bereid om hul sak oop te maak en hul geld te waag nie.
Thornton s'agenouilla à côté de Buck et prit sa tête à deux mains.
Thornton het langs Buck gekniel en sy kop in albei hande geneem.
Il pressa sa joue contre celle de Buck et lui parla à l'oreille.
Hy het sy wang teen Buck s'n gedruk en in sy oor gepraat.
Il n'y avait plus de secousses enjouées ni d'insultes affectueuses murmurées.
Daar was nou geen speelse geskud of gefluisterde liefdevolle beledigings nie.
Il murmura simplement doucement : « Autant que tu m'aimes, Buck. »

Hy het net saggies gemompel, "Soveel as wat jy my liefhet, Buck."

Buck émit un gémissement silencieux, son impatience à peine contenue.

Buck het 'n sagte gekerm uitgestoot, sy gretigheid skaars bedwing.

Les spectateurs observaient avec curiosité la tension qui emplissait l'air.

Die omstanders het met nuuskierigheid gekyk terwyl spanning die lug gevul het.

Le moment semblait presque irréel, comme quelque chose qui dépassait la raison.

Die oomblik het amper onwerklik gevoel, soos iets buite die rede.

Lorsque Thornton se leva, Buck prit doucement sa main dans ses mâchoires.

Toe Thornton opstaan, het Buck sy hand saggies in sy kake geneem.

Il appuya avec ses dents, puis relâcha lentement et doucement.

Hy het met sy tande gedruk en toe stadig en saggies losgelaat.

C'était une réponse silencieuse d'amour, non prononcée, mais comprise.

Dit was 'n stille antwoord van liefde, nie uitgespreek nie, maar verstaan.

Thornton s'éloigna du chien et donna le signal.

Thornton het 'n lang tree van die hond af teruggetree en die teken gegee.

« Maintenant, Buck », dit-il, et Buck répondit avec un calme concentré.

"Nou, Buck," het hy gesê, en Buck het met gefokusde kalmte gereageer.

Buck a resserré les traces, puis les a desserrées de quelques centimètres.

Buck het die spore stywer getrek en hulle toe met 'n paar duim losgemaak.

C'était la méthode qu'il avait apprise ; sa façon de briser le traîneau.

Dit was die metode wat hy geleer het; sy manier om die slee te breek.

« Tiens ! » cria Thornton, sa voix aiguë dans le silence pesant.

"Sjoe!" het Thornton geskree, sy stem skerp in die swaar stilte.

Buck se tourna vers la droite et se jeta de tout son poids.

Buck het regs gedraai en met al sy gewig uitgeval.

Le mou disparut et toute la masse de Buck heurta les lignes serrées.

Die slapheid het verdwyn, en Buck se volle massa het die stywe spore getref.

Le traîneau tremblait et les patins émettaient un bruit de crépitement.

Die slee het gebewe, en die hardlopers het 'n skerp kraakgeluid gemaak.

« Haw ! » ordonna Thornton, changeant à nouveau la direction de Buck.

"Ha!" het Thornton beveel en Buck se rigting weer verskuif.

Buck répéta le mouvement, cette fois en tirant brusquement vers la gauche.

Buck het die beweging herhaal, hierdie keer skerp na links getrek.

Le traîneau craquait plus fort, les patins claquaient et se déplaçaient.

Die slee het harder gekraak, die lopers het geknap en geskuif.

La lourde charge glissait légèrement latéralement sur la neige gelée.

Die swaar vrag het effens sywaarts oor die bevrore sneeu gegly.

Le traîneau s'était libéré de l'emprise du sentier glacé !

Die slee het losgebreek uit die greep van die ysige paadjie!

Les hommes retenaient leur souffle, ignorant qu'ils ne respiraient même pas.

Mans het hul asem opgehou, onbewus daarvan dat hulle nie eers asemhaal nie.

« Maintenant, TIREZ ! » cria Thornton à travers le silence glacial.
"Nou, TREK!" het Thornton deur die bevrore stilte uitgeroep.
L'ordre de Thornton résonna fort, comme le claquement d'un fouet.
Thornton se bevel het skerp geklink, soos die geklap van 'n sweep.
Buck se jeta en avant avec un mouvement violent et saccadé.
Buck het homself vorentoe geslinger met 'n woeste en skokkende longe.
Tout son corps se tendit et se contracta sous l'énorme tension.
Sy hele liggaam het gespanne en saamgetrek weens die massiewe spanning.
Des muscles ondulaient sous sa fourrure comme des serpents prenant vie.
Spiere het onder sy pels geriffel soos slange wat lewendig word.
Sa large poitrine était basse, la tête tendue vers l'avant en direction du traîneau.
Sy groot bors was laag, kop vorentoe na die slee gestrek.
Ses pattes bougeaient comme l'éclair, ses griffes tranchant le sol gelé.
Sy pote het soos weerlig beweeg, kloue wat die bevrore grond sny.
Des rainures ont été creusées profondément alors qu'il luttait pour chaque centimètre de traction.
Groewe is diep gesny terwyl hy vir elke duim vastrapplek geveg het.
Le traîneau se balança, trembla et commença un mouvement lent et agité.
Die slee het gewieg, gebewe en 'n stadige, ongemaklike beweging begin.
Un pied a glissé et un homme dans la foule a gémi à haute voix.
Een voet het gegly, en 'n man in die skare het hardop gekreun.

Puis le traîneau s'élança en avant dans un mouvement saccadé et brusque.
Toe het die slee vorentoe geslinger in 'n rukkende, rowwe beweging.
Cela ne s'est pas arrêté à nouveau - un demi-pouce... un pouce... deux pouces de plus.
Dit het nie weer opgehou nie—'n halwe duim...'n duim...twee duim meer.
Les secousses devinrent plus faibles à mesure que le traîneau commençait à prendre de la vitesse.
Die rukke het al hoe kleiner geword namate die slee spoed begin kry het.
Bientôt, Buck tirait avec une puissance douce et régulière.
Gou het Buck met gladde, egalige, rollende krag getrek.
Les hommes haletèrent et finirent par se rappeler de respirer à nouveau.
Mans het na hul asem gesnak en uiteindelik onthou om weer asem te haal.
Ils n'avaient pas remarqué que leur souffle s'était arrêté de stupeur.
Hulle het nie opgemerk dat hul asem in ontsag opgehou het nie.
Thornton courait derrière, lançant des ordres courts et joyeux.
Thornton het agterna gehardloop en kort, vrolike bevele uitgeroep.
Devant nous se trouvait une pile de bois de chauffage qui marquait la distance.
Voor was 'n stapel brandhout wat die afstand gemerk het.
Alors que Buck s'approchait du tas, les acclamations devenaient de plus en plus fortes.
Soos Buck die hoop nader gekom het, het die gejuig al hoe harder geword.
Les acclamations se sont transformées en rugissement lorsque Buck a dépassé le point d'arrivée.
Die gejuig het in 'n gebrul oorgegaan toe Buck die eindpunt verbysteek.

Les hommes ont sauté et crié, même Matthewson a esquissé un sourire.
Mans het gespring en geskreeu, selfs Matthewson het in 'n glimlag uitgebars.
Les chapeaux volaient dans les airs, les mitaines étaient lancées sans réfléchir ni viser.
Hoede het die lug in gevlieg, wantjies is sonder gedagte of doel gegooi.
Les hommes se sont attrapés et se sont serré la main sans savoir à qui.
Mans het mekaar gegryp en hande geskud sonder om te weet wie.
Toute la foule bourdonnait d'une célébration folle et joyeuse.
Die hele skare het gegons in wilde, vreugdevolle feesviering.
Thornton tomba à genoux à côté de Buck, les mains tremblantes.
Thornton het met bewerige hande langs Buck op sy knieë geval.
Il pressa sa tête contre celle de Buck et le secoua doucement d'avant en arrière.
Hy het sy kop teen Buck s'n gedruk en hom saggies heen en weer geskud.
Ceux qui s'approchaient l'entendaient maudire le chien avec un amour silencieux.
Diegene wat nader gekom het, het hom die hond met stille liefde hoor vloek.
Il a insulté Buck pendant un long moment, doucement, chaleureusement, avec émotion.
Hy het lank op Buck gevloek—saggies, hartlik, met emosie.
« Bien, monsieur ! Bien, monsieur ! » s'écria précipitamment le roi du Banc Skookum.
"Goed, meneer! Goed, meneer!" het die Skookum Bank-koning haastig uitgeroep.
« Je vous donne mille, non, douze cents, pour ce chien, monsieur ! »

"Ek sal jou 'n duisend—nee, twaalfhonderd—vir daardie hond gee, meneer!"

Thornton se leva lentement, les yeux brillants d'émotion.

Thornton het stadig orent gekom, sy oë het gestraal van emosie.

Les larmes coulaient ouvertement sur ses joues sans aucune honte.

Trane het oop en oop oor sy wange gestroom sonder enige skaamte.

« Monsieur », dit-il au roi du banc Skookum, ferme et posé.

"Meneer," het hy vir die Skookum Bank-koning gesê, standvastig en ferm

« Non, monsieur. Allez au diable, monsieur. C'est ma réponse définitive. »

"Nee, meneer. U kan hel toe gaan, meneer. Dis my finale antwoord."

Buck attrapa doucement la main de Thornton dans ses mâchoires puissantes.

Buck het Thornton se hand saggies met sy sterk kake gegryp.

Thornton le secoua de manière enjouée, leur lien étant plus profond que jamais.

Thornton het hom speels geskud, hul band diep soos altyd.

La foule, émue par l'instant, recula en silence.

Die skare, ontroer deur die oomblik, het in stilte teruggetree.

Dès lors, personne n'osa interrompre cette affection si sacrée.

Van toe af het niemand dit gewaag om sulke heilige liefde te onderbreek nie.

Le son de l'appel
Die Klank van die Roep

Buck avait gagné seize cents dollars en cinq minutes.
Buck het sestienhonderd dollar in vyf minute verdien.
Cet argent a permis à John Thornton de payer une partie de ses dettes.
Die geld het John Thornton toegelaat om van sy skuld af te betaal.
Avec le reste de l'argent, il se dirigea vers l'Est avec ses partenaires.
Met die res van die geld het hy saam met sy vennote ooswaarts vertrek.
Ils cherchaient une mine perdue légendaire, aussi vieille que le pays lui-même.
Hulle het 'n legendariese verlore myn gesoek, so oud soos die land self.
Beaucoup d'hommes avaient cherché la mine, mais peu l'avaient trouvée.
Baie mans het na die myn gesoek, maar min het dit ooit gevind.
Plus d'un homme avait disparu au cours de cette quête dangereuse.
Meer as 'n paar mans het tydens die gevaarlike soeke verdwyn.
Cette mine perdue était enveloppée à la fois de mystère et d'une vieille tragédie.
Hierdie verlore myn was in beide misterie en ou tragedie gehul.
Personne ne savait qui avait été le premier homme à découvrir la mine.
Niemand het geweet wie die eerste man was wat die myn gevind het nie.
Les histoires les plus anciennes ne mentionnent personne par son nom.
Die oudste stories noem niemand by die naam nie.
Il y avait toujours eu là une vieille cabane délabrée.

Daar was nog altyd 'n antieke vervalle kajuit daar.
Des hommes mourants avaient juré qu'il y avait une mine à côté de cette vieille cabane.
Sterwende mans het gesweer daar was 'n myn langs daardie ou kajuit.
Ils ont prouvé leurs histoires avec de l'or comme on n'en trouve nulle part ailleurs.
Hulle het hul stories met goud bewys soos niemand elders gevind word nie.
Aucune âme vivante n'avait jamais pillé le trésor de cet endroit.
Geen lewende siel het ooit die skat van daardie plek geplunder nie.
Les morts étaient morts, et les morts ne racontent pas d'histoires.
Die dooies was dood, en dooie manne vertel geen stories nie.
Thornton et ses amis se dirigèrent donc vers l'Est.
So het Thornton en sy vriende na die Ooste vertrek.
Pete et Hans se sont joints à eux, amenant Buck et six chiens forts.
Pete en Hans het aangesluit, en Buck en ses sterk honde saamgebring.
Ils se sont lancés sur un chemin inconnu là où d'autres avaient échoué.
Hulle het 'n onbekende roete gevolg waar ander misluk het.
Ils ont parcouru soixante-dix milles en traîneau sur le fleuve Yukon gelé.
Hulle het sewentig myl met 'n slee op die bevrore Yukonrivier gery.
Ils tournèrent à gauche et suivirent le sentier jusqu'au Stewart.
Hulle het links gedraai en die paadjie tot in die Stewart gevolg.
Ils passèrent le Mayo et le McQuestion, poursuivant leur route.
Hulle het verby die Mayo en McQuestion gery en verder aangestap.

Le Stewart s'est rétréci en un ruisseau, traversant des pics déchiquetés.
Die Stewart het in 'n stroom ingekrimp en deur gekartelde pieke geslinger.
Ces pics acérés marquaient l'épine dorsale même du continent.
Hierdie skerp pieke het die ruggraat van die vasteland gemerk.
John Thornton exigeait peu des hommes ou de la nature sauvage.
John Thornton het min van mans of die wilde land geëis.
Il ne craignait rien dans la nature et affrontait la nature sauvage avec aisance.
Hy het niks in die natuur gevrees nie en die wildernis met gemak aangedurf.
Avec seulement du sel et un fusil, il pouvait voyager où il le souhaitait.
Met net sout en 'n geweer kon hy reis waar hy wou.
Comme les indigènes, il chassait de la nourriture pendant ses voyages.
Soos die inboorlinge, het hy kos gejag terwyl hy gereis het.
S'il n'attrapait rien, il continuait, confiant en la chance qui l'attendait.
As hy niks gevang het nie, het hy aangehou en op geluk vertrou.
Au cours de ce long voyage, la viande était la principale nourriture qu'ils mangeaient.
Op hierdie lang reis was vleis die hoofgereg wat hulle geëet het.
Le traîneau contenait des outils et des munitions, mais aucun horaire strict.
Die slee het gereedskap en ammunisie bevat, maar geen streng tydskedule nie.
Buck adorait cette errance, la chasse et la pêche sans fin.
Buck het hierdie ronddwaal liefgehad; die eindelose jag en visvang.
Pendant des semaines, ils ont voyagé jour après jour.

Weke lank het hulle dag na bestendige dag gereis.
D'autres fois, ils établissaient des camps et restaient immobiles pendant des semaines.
Ander kere het hulle kampe opgeslaan en weke lank stilgebly.
Les chiens se reposaient pendant que les hommes creusaient dans la terre gelée.
Die honde het gerus terwyl die mans deur bevrore grond gegrawe het.
Ils chauffaient des poêles sur des feux et cherchaient de l'or caché.
Hulle het panne oor vure warm gemaak en na verborge goud gesoek.
Certains jours, ils souffraient de faim, et d'autres jours, ils faisaient des festins.
Party dae het hulle uitgehonger, en party dae het hulle feeste gehou.
Leurs repas dépendaient du gibier et de la chance de la chasse.
Hul maaltye het afgehang van die wild en die geluk van die jag.
Quand l'été arrivait, les hommes et les chiens chargeaient des charges sur leur dos.
Toe die somer aanbreek, het mans en honde vragte op hul rûe gepak.
Ils ont fait du rafting sur des lacs bleus cachés dans des forêts de montagne.
Hulle het oor blou mere gevlot wat in bergwoude versteek was.
Ils naviguaient sur des bateaux minces sur des rivières qu'aucun homme n'avait jamais cartographiées.
Hulle het dun bote op riviere geseil wat geen mens ooit gekarteer het nie.
Ces bateaux ont été construits à partir d'arbres sciés dans la nature.
Daardie bote is gebou van bome wat hulle in die natuur gesaag het.

Les mois passèrent et ils sillonnèrent des terres sauvages et inconnues.
Die maande het verbygegaan, en hulle het deur die wilde onbekende lande gekronkel.
Il n'y avait pas d'hommes là-bas, mais de vieilles traces suggéraient qu'il y en avait eu.
Daar was geen mans daar nie, maar ou spore het daarop gesinspeel dat daar mans was.
Si la Cabane Perdue était réelle, alors d'autres étaient déjà passés par là.
As die Verlore Hut werklik was, dan het ander eens hierheen gekom.
Ils traversaient des cols élevés dans des blizzards, même pendant l'été.
Hulle het hoë passe in sneeustorms oorgesteek, selfs gedurende die somer.
Ils frissonnaient sous le soleil de minuit sur les pentes nues des montagnes.
Hulle het gebewe onder die middernagson op kaal berghellings.
Entre la limite des arbres et les champs de neige, ils montaient lentement.
Tussen die boomlyn en die sneeuvelde het hulle stadig geklim.
Dans les vallées chaudes, ils écrasaient des nuages de moucherons et de mouches.
In warm valleie het hulle na wolke muggies en vlieë geslaan.
Ils cueillaient des baies sucrées près des glaciers en pleine floraison estivale.
Hulle het soet bessies gepluk naby gletsers in volle somerblom.
Les fleurs qu'ils ont trouvées étaient aussi belles que celles du Southland.
Die blomme wat hulle gevind het, was so pragtig soos dié in die Suidland.
Cet automne-là, ils atteignirent une région solitaire remplie de lacs silencieux.

Daardie herfs het hulle 'n eensame streek vol stil mere bereik.
La terre était triste et vide, autrefois pleine d'oiseaux et de bêtes.
Die land was droewig en leeg, eens lewendig met voëls en diere.
Il n'y avait plus de vie, seulement le vent et la glace qui se formait dans les flaques.
Nou was daar geen lewe nie, net die wind en ys wat in poele vorm.
Les vagues s'écrasaient sur les rivages déserts avec un son doux et lugubre.
Golwe het teen leë oewers gekolk met 'n sagte, treurige geluid.

Un autre hiver arriva et ils suivirent à nouveau de vieux sentiers lointains.
Nog 'n winter het aangebreek, en hulle het weer dowwe, ou spore gevolg.
C'étaient les traces d'hommes qui les avaient cherchés bien avant eux.
Dit was die spore van mans wat lank voor hulle gesoek het.
Un jour, ils trouvèrent un chemin creusé profondément dans la forêt sombre.
Eenkeer het hulle 'n paadjie diep in die donker woud gevind.
C'était un vieux sentier, et ils sentaient que la cabane perdue était proche.
Dit was 'n ou roete, en hulle het gevoel die verlore kajuit was naby.
Mais le sentier ne menait nulle part et s'enfonçait dans les bois épais.
Maar die paadjie het nêrens gelei nie en het in die digte bos verdwyn.
Personne ne savait qui avait fait ce sentier et pourquoi.
Wie ook al die roete gemaak het, en hoekom hulle dit gemaak het, het niemand geweet nie.
Plus tard, ils ont trouvé l'épave d'un lodge caché parmi les arbres.
Later het hulle die wrak van 'n lodge tussen die bome gevind.

Des couvertures pourries gisaient éparpillées là où quelqu'un avait dormi.
Verrottende komberse het versprei gelê waar iemand eens geslaap het.
John Thornton a trouvé un fusil à silex à long canon enterré à l'intérieur.
John Thornton het 'n langloop-vuursteenwapen binne-in begrawe gevind.
Il savait qu'il s'agissait d'un fusil de la Baie d'Hudson depuis les premiers jours de son commerce.
Hy het geweet dat dit 'n Hudsonbaai-geweer was van vroeë handelsdae.
À cette époque, ces armes étaient échangées contre des piles de peaux de castor.
In daardie dae is sulke gewere verruil vir stapels bevervelle.
C'était tout : il ne restait aucune trace de l'homme qui avait construit le lodge.
Dit was al—geen leidraad het oorgebly van die man wat die lodge gebou het nie.

Le printemps est revenu et ils n'ont trouvé aucun signe de la Cabane Perdue.
Die lente het weer aangebreek, en hulle het geen teken van die Verlore Hut gevind nie.
Au lieu de cela, ils trouvèrent une large vallée avec un ruisseau peu profond.
In plaas daarvan het hulle 'n breë vallei met 'n vlak stroom gevind.
L'or recouvrait le fond des casseroles comme du beurre jaune et lisse.
Goud het oor die bodems van die pan gelê soos gladde, geel botter.
Ils s'arrêtèrent là et ne cherchèrent plus la cabane.
Hulle het daar stilgehou en nie verder na die kajuit gesoek nie.
Chaque jour, ils travaillaient et trouvaient des milliers de pièces d'or en poudre.
Elke dag het hulle gewerk en duisende in goudstof gevind.

Ils ont emballé l'or dans des sacs de peau d'élan, de cinquante livres chacun.
Hulle het die goud in sakke elandvel verpak, vyftig pond elk.
Les sacs étaient empilés comme du bois de chauffage à l'extérieur de leur petite loge.
Die sakke was soos brandhout buite hul klein lodge gestapel.
Ils travaillaient comme des géants et les jours passaient comme des rêves rapides.
Hulle het soos reuse gewerk, en die dae het verbygegaan soos vinnige drome.
Ils ont amassé des trésors au fil des jours sans fin.
Hulle het skatte opgehoop terwyl die eindelose dae vinnig verbygerol het.
Les chiens n'avaient pas grand-chose à faire, à part transporter de la viande de temps en temps.
Daar was min vir die honde om te doen behalwe om nou en dan vleis te sleep.
Thornton chassait et tuait le gibier, et Buck restait allongé près du feu.
Thornton het die wild gejag en doodgemaak, en Buck het by die vuur gelê.
Il a passé de longues heures en silence, perdu dans ses pensées et ses souvenirs.
Hy het lang ure in stilte deurgebring, verlore in gedagte en herinneringe.
L'image de l'homme poilu revenait de plus en plus souvent à l'esprit de Buck.
Die beeld van die harige man het meer dikwels in Buck se gedagtes opgekom.
Maintenant que le travail se faisait rare, Buck rêvait en clignant des yeux devant le feu.
Noudat werk skaars was, het Buck gedroom terwyl hy na die vuur geknipper het.
Dans ces rêves, Buck errait avec l'homme dans un autre monde.
In daardie drome het Buck saam met die man in 'n ander wêreld rondgedwaal.

La peur semblait être le sentiment le plus fort dans ce monde lointain.
Vrees het die sterkste gevoel in daardie verre wêreld gelyk.
Buck vit l'homme poilu dormir avec la tête baissée.
Buck het die harige man sien slaap met sy kop laag gebuig.
Ses mains étaient jointes et son sommeil était agité et interrompu.
Sy hande was saamgevou, en sy slaap was rusteloos en onderbroke.
Il se réveillait en sursaut et regardait avec crainte dans le noir.
Hy het gewoonlik met 'n skrik wakker geword en vreesbevange in die donker gestaar.
Ensuite, il jetait plus de bois sur le feu pour garder la flamme vive.
Dan sou hy meer hout op die vuur gooi om die vlam helder te hou.
Parfois, ils marchaient le long d'une plage au bord d'une mer grise et infinie.
Soms het hulle langs 'n strand langs 'n grys, eindelose see geloop.
L'homme poilu ramassait des coquillages et les mangeait en marchant.
Die harige man het skulpvis gepluk en dit geëet terwyl hy geloop het.
Ses yeux cherchaient toujours des dangers cachés dans l'ombre.
Sy oë het altyd gesoek na verborge gevare in die skaduwees.
Ses jambes étaient toujours prêtes à sprinter au premier signe de menace.
Sy bene was altyd gereed om te sprint by die eerste teken van bedreiging.
Ils rampaient à travers la forêt, silencieux et méfiants, côte à côte.
Hulle het deur die woud gesluip, stil en versigtig, sy aan sy.
Buck le suivit sur ses talons, et tous deux restèrent vigilants.

Buck het op sy hakke gevolg, en hulle albei het waaksaam gebly.
Leurs oreilles frémissaient et bougeaient, leurs nez reniflaient l'air.
Hul ore het getrek en beweeg, hul neuse het die lug gesnuif.
L'homme pouvait entendre et sentir la forêt aussi intensément que Buck.
Die man kon die woud so skerp hoor en ruik soos Buck.
L'homme poilu se balançait à travers les arbres avec une vitesse soudaine.
Die harige man swaai met 'n skielike spoed deur die bome.
Il sautait de branche en branche, sans jamais lâcher prise.
Hy het van tak tot tak gespring en nooit sy greep verloor nie.
Il se déplaçait aussi vite au-dessus du sol que sur celui-ci.
Hy het net so vinnig bo die grond beweeg as wat hy daarop gedoen het.
Buck se souvenait des longues nuits passées sous les arbres, à veiller.
Buck het lang nagte onder die bome onthou, terwyl hy wag gehou het.
L'homme dormait perché dans les branches, s'accrochant fermement.
Die man het in die takke geslaap en styf vasgeklou.
Cette vision de l'homme poilu était étroitement liée à l'appel des profondeurs.
Hierdie visioen van die harige man was nou gekoppel aan die diepe roeping.
L'appel résonnait toujours à travers la forêt avec une force obsédante.
Die roep het steeds met spookagtige krag deur die woud geklink.
L'appel remplit Buck de désir et d'un sentiment de joie incessant.
Die oproep het Buck met verlange en 'n rustelose gevoel van vreugde vervul.
Il ressentait d'étranges pulsions et des frémissements qu'il ne pouvait nommer.

Hy het vreemde drange en roerings gevoel wat hy nie kon benoem nie.

Parfois, il suivait l'appel au plus profond des bois tranquilles.

Soms het hy die roepstem diep in die stil bos gevolg.

Il cherchait l'appel, aboyant doucement ou fort au fur et à mesure.

Hy het na die roepstem gesoek, saggies of skerp geblaf terwyl hy geloop het.

Il renifla la mousse et la terre noire où poussaient les herbes.

Hy het aan die mos en swart grond geruik waar die grasse gegroei het.

Il renifla de plaisir aux riches odeurs de la terre profonde.

Hy het van genot gesnork oor die ryk geure van die diep aarde.

Il s'est accroupi pendant des heures derrière des troncs couverts de champignons.

Hy het ure lank gehurk agter stamme wat met swam bedek was.

Il resta immobile, écoutant les yeux écarquillés chaque petit bruit.

Hy het stil gebly en met groot oë na elke klein geluidjie geluister.

Il espérait peut-être surprendre la chose qui avait lancé l'appel.

Hy het dalk gehoop om die ding wat die oproep gegee het, te verras.

Il ne savait pas pourquoi il agissait de cette façon, il le faisait simplement.

Hy het nie geweet hoekom hy so opgetree het nie — hy het eenvoudig net so opgetree.

Les pulsions venaient du plus profond de moi, au-delà de la pensée ou de la raison.

Die drange het van diep binne gekom, anderkant denke of rede.

Des envies irrésistibles s'emparèrent de Buck sans avertissement ni raison.

Onweerstaanbare drange het Buck sonder waarskuwing of rede beetgepak.

Parfois, il somnolait paresseusement dans le camp sous la chaleur de midi.

Soms het hy lui in die kamp onder die middaghitte gedut.

Soudain, sa tête se releva et ses oreilles se dressèrent en alerte.

Skielik lig sy kop op en sy ore skiet wakker op.

Puis il se leva d'un bond et se précipita dans la nature sans s'arrêter.

Toe spring hy op en storm sonder om te pouseer die wildernis in.

Il a couru pendant des heures à travers les sentiers forestiers et les espaces ouverts.

Hy het ure lank deur bospaadjies en oop ruimtes gehardloop.

Il aimait suivre les lits des ruisseaux asséchés et espionner les oiseaux dans les arbres.

Hy was lief daarvoor om droë spruitbeddings te volg en voëls in die bome te bespied.

Il pouvait rester caché toute la journée, à regarder les perdrix se pavaner.

Hy kon heeldag weggesteek lê en patryse dophou wat rondstap.

Ils tambourinaient et marchaient, inconscients de la présence de Buck.

Hulle het getrommel en gemarsjeer, onbewus van Buck se stil teenwoordigheid.

Mais ce qu'il aimait le plus, c'était courir au crépuscule en été.

Maar wat hy die meeste liefgehad het, was om in die somerskemer te hardloop.

La faible lumière et les bruits endormis de la forêt le remplissaient de joie.

Die dowwe lig en slaperige bosgeluide het hom met vreugde vervul.

Il lisait les panneaux forestiers aussi clairement qu'un homme lit un livre.

Hy het die bostekens so duidelik gelees soos 'n man 'n boek lees.
Et il cherchait toujours la chose étrange qui l'appelait.
En hy het altyd gesoek na die vreemde ding wat hom geroep het.
Cet appel ne s'est jamais arrêté : il l'atteignait qu'il soit éveillé ou endormi.
Daardie roepstem het nooit opgehou nie—dit het hom bereik, wakker of slapend.

Une nuit, il se réveilla en sursaut, les yeux perçants et les oreilles hautes.
Een nag het hy met 'n skrik wakker geword, oë skerp en ore hoog.
Ses narines se contractaient tandis que sa crinière se dressait en vagues.
Sy neusgate het gebewe terwyl sy maanhare in golwe gestaan het.
Du plus profond de la forêt, le son résonna à nouveau, le vieil appel.
Uit diep in die woud kom die geluid weer, die ou roep.
Cette fois, le son résonnait clairement, un hurlement long, obsédant et familier.
Hierdie keer het die geluid duidelik geklink, 'n lang, spookagtige, bekende gehuil.
C'était comme le cri d'un husky, mais d'un ton étrange et sauvage.
Dit was soos 'n husky se gehuil, maar vreemd en wild van toon.
Buck reconnut immédiatement le son – il avait entendu exactement le même son depuis longtemps.
Buck het die geluid dadelik herken—hy het die presiese geluid lank gelede gehoor.
Il sauta à travers le camp et disparut rapidement dans les bois.
Hy het deur die kamp gespring en vinnig in die bos verdwyn.

Alors qu'il s'approchait du bruit, il ralentit et se déplaça avec précaution.
Toe hy die geluid nader, het hy stadiger beweeg en versigtig beweeg.
Bientôt, il atteignit une clairière entre d'épais pins.
Gou het hy 'n oopte tussen digte dennebome bereik.
Là, debout sur ses pattes arrière, était assis un loup des bois grand et maigre.
Daar, regop op sy hurke, het 'n lang, maer houtwolf gesit.
Le nez du loup pointait vers le ciel, résonnant toujours de l'appel.
Die wolf se neus het hemelwaarts gewys, steeds die roep weergalm.
Buck n'avait émis aucun son, mais le loup s'arrêta et écouta.
Buck het geen geluid gemaak nie, maar die wolf het stilgehou en geluister.
Sentant quelque chose, le loup se tendit, scrutant l'obscurité.
Toe die wolf iets aanvoel, het hy gespanne geraak, terwyl hy die donkerte deursoek het.
Buck apparut en rampant, le corps bas, les pieds immobiles sur le sol.
Buck het in sig gekom, lyf laag, voete stil op die grond.
Sa queue était droite, son corps enroulé sous la tension.
Sy stert was reguit, sy lyf styf opgerol van spanning.
Il a montré à la fois une menace et une sorte d'amitié brutale.
Hy het beide dreiging en 'n soort rowwe vriendskap getoon.
C'était le salut prudent partagé par les bêtes sauvages.
Dit was die versigtige groet wat deur wilde diere gedeel is.
Mais le loup se retourna et s'enfuit dès qu'il vit Buck.
Maar die wolf het omgedraai en gevlug sodra hy Buck gesien het.
Buck se lança à sa poursuite, sautant sauvagement, désireux de le rattraper.
Buck het agternagesit, wild gespring, gretig om dit in te haal.
Il suivit le loup dans un ruisseau asséché bloqué par un embâcle.

Hy het die wolf gevolg in 'n droë spruit wat deur 'n houtblokkade geblokkeer is.

Acculé, le loup se retourna et tint bon.

In 'n hoek gedraai, het die wolf omgedraai en sy man bly staan.

Le loup grognait et claquait comme un chien husky pris au piège dans un combat.

Die wolf het gegrom en gekap soos 'n vasgekeerde hees hond in 'n geveg.

Les dents du loup claquaient rapidement, son corps se hérissant d'une fureur sauvage.

Die wolf se tande het vinnig geklap, sy lyf het geborrel van wilde woede.

Buck n'attaqua pas mais encercla le loup avec une gentillesse prudente.

Buck het nie aangeval nie, maar het die wolf met versigtige vriendelikheid omsingel.

Il a essayé de bloquer sa fuite par des mouvements lents et inoffensifs.

Hy het probeer om sy ontsnapping te keer deur stadige, onskadelike bewegings.

Le loup était méfiant et effrayé : Buck le dépassait trois fois.

Die wolf was versigtig en bang—Buck het hom drie keer oortref.

La tête du loup atteignait à peine l'épaule massive de Buck.

Die wolf se kop het skaars tot by Buck se massiewe skouer gereik.

À l'affût d'une brèche, le loup s'est enfui et la poursuite a repris.

Terwyl hy vir 'n gaping soek, het die wolf weggehardloop en die jaagtog het weer begin.

Plusieurs fois, Buck l'a coincé et la danse s'est répétée.

Verskeie kere het Buck hom vasgekeer, en die dans het herhaal.

Le loup était maigre et faible, sinon Buck n'aurait pas pu l'attraper.

Die wolf was maer en swak, anders kon Buck hom nie gevang het nie.
Chaque fois que Buck s'approchait, le loup se retournait et lui faisait face avec peur.
Elke keer as Buck nader gekom het, het die wolf omgedraai en hom vreesbevange in die gesig gestaar.
Puis, à la première occasion, il s'est précipité dans les bois une fois de plus.
Toe, met die eerste kans, het hy weer die bos ingehardloop.
Mais Buck n'a pas abandonné et finalement le loup a fini par lui faire confiance.
Maar Buck het nie moed opgegee nie, en uiteindelik het die wolf hom begin vertrou.
Il renifla le nez de Buck, et les deux devinrent joueurs et alertes.
Hy het Buck se neus gesnuif, en die twee het speels en waaksaam geword.
Ils jouaient comme des animaux sauvages, féroces mais timides dans leur joie.
Hulle het soos wilde diere gespeel, woes maar skaam in hul vreugde.
Au bout d'un moment, le loup s'éloigna au trot avec un calme déterminé.
Na 'n rukkie het die wolf met kalm doel weggedraf.
Il a clairement montré à Buck qu'il voulait être suivi.
Hy het duidelik vir Buck gewys dat hy van plan was om gevolg te word.
Ils couraient côte à côte dans l'obscurité du crépuscule.
Hulle het langs mekaar deur die skemerdonker gehardloop.
Ils suivirent le lit du ruisseau jusqu'à la gorge rocheuse.
Hulle het die spruitbedding gevolg tot in die rotsige kloof.
Ils traversèrent une ligne de partage des eaux froides où le ruisseau avait pris sa source.
Hulle het 'n koue kloof oorgesteek waar die stroom begin het.
Sur la pente la plus éloignée, ils trouvèrent une vaste forêt et de nombreux ruisseaux.

Op die verste helling het hulle wye woud en baie strome gevind.

À travers ce vaste territoire, ils ont couru pendant des heures sans s'arrêter.

Deur hierdie uitgestrekte land het hulle ure lank sonder om te stop gehardloop.

Le soleil se leva plus haut, l'air devint chaud, mais ils continuèrent à courir.

Die son het hoër opgekom, die lug het warmer geword, maar hulle het aangegaan.

Buck était rempli de joie : il savait qu'il répondait à son appel.

Buck was vol vreugde—hy het geweet hy antwoord op sy roepstem.

Il courut à côté de son frère de la forêt, plus près de la source de l'appel.

Hy het langs sy bosbroer gehardloop, nader aan die bron van die roep.

De vieux sentiments sont revenus, puissants et difficiles à ignorer.

Ou gevoelens het teruggekeer, kragtig en moeilik om te ignoreer.

C'étaient les vérités derrière les souvenirs de ses rêves.

Dit was die waarhede agter die herinneringe uit sy drome.

Il avait déjà fait tout cela auparavant, dans un monde lointain et obscur.

Hy het dit alles al voorheen in 'n verre en skaduryke wêreld gedoen.

Il recommença alors, courant librement avec le ciel ouvert au-dessus.

Nou het hy dit weer gedoen, wild rondgehardloop met die oop lug daarbo.

Ils s'arrêtèrent près d'un ruisseau pour boire l'eau froide qui coulait.

Hulle het by 'n stroompie stilgehou om van die koue vloeiende water te drink.

Alors qu'il buvait, Buck se souvint soudain de John Thornton.
Terwyl hy gedrink het, het Buck skielik vir John Thornton onthou.
Il s'assit en silence, déchiré par l'attrait de la loyauté et de l'appel.
Hy het in stilte gaan sit, verskeur deur die aantrekkingskrag van lojaliteit en die roeping.
Le loup continua à trotter, mais revint pour pousser Buck à avancer.
Die wolf het aangedraf, maar het teruggekom om Buck vorentoe te spoor.
Il renifla son nez et essaya de le cajoler avec des gestes doux.
Hy het aan sy neus gesnuif en probeer om hom met sagte gebare te lok.
Mais Buck se retourna et reprit le chemin par lequel il était venu.
Maar Buck het omgedraai en teruggekeer in die pad wat hy gekom het.
Le loup courut à côté de lui pendant un long moment, gémissant doucement.
Die wolf het lank langs hom gehardloop en saggies gehuil.
Puis il s'assit, leva le nez et poussa un long hurlement.
Toe gaan hy sit, lig sy neus op en laat 'n lang gehuil uit.
C'était un cri lugubre, qui s'adoucit à mesure que Buck s'éloignait.
Dit was 'n treurige gehuil, wat sagder geword het toe Buck wegstap.
Buck écouta le son du cri s'estomper lentement dans le silence de la forêt.
Buck het geluister terwyl die geluid van die gehuil stadig in die woudstilte vervaag het.
John Thornton était en train de dîner lorsque Buck a fait irruption dans le camp.
John Thornton was besig om aandete te eet toe Buck die kamp binnestorm.

Buck sauta sauvagement sur lui, le léchant, le mordant et le faisant culbuter.
Buck het wild op hom gespring, hom gelek, gebyt en omgekeerd.
Il l'a renversé, s'est hissé dessus et l'a embrassé sur le visage.
Hy het hom omgestamp, bo-op geklim en hom in die gesig gesoen.
Thornton appelait cela avec affection « jouer le fou du commun ».
Thornton het dit met liefde "die algemene dwaas speel" genoem.
Pendant tout ce temps, il maudissait doucement Buck et le secouait d'avant en arrière.
Die hele tyd het hy Buck saggies gevloek en hom heen en weer geskud.
Pendant deux jours et deux nuits entières, Buck n'a pas quitté le camp une seule fois.
Vir twee volle dae en nagte het Buck nooit die kamp verlaat nie.
Il est resté proche de Thornton et ne l'a jamais quitté des yeux.
Hy het naby Thornton gebly en hom nooit uit sy sig gelaat nie.
Il le suivait pendant qu'il travaillait et le regardait pendant qu'il mangeait.
Hy het hom gevolg terwyl hy gewerk het en hom dopgehou terwyl hy geëet het.
Il voyait Thornton dans ses couvertures la nuit et dehors chaque matin.
Hy het Thornton snags in sy komberse en elke oggend buite gesien.
Mais bientôt l'appel de la forêt revint, plus fort que jamais.
Maar gou het die bosroep teruggekeer, harder as ooit tevore.
Buck devint à nouveau agité, agité par les pensées du loup sauvage.
Buck het weer rusteloos geword, geroer deur gedagtes aan die wilde wolf.
Il se souvenait de la terre ouverte et de la course côte à côte.

Hy het die oop land onthou en die langs mekaar hardloop.
Il commença à errer à nouveau dans la forêt, seul et alerte.
Hy het weer eens die woud in begin dwaal, alleen en waaksaam.
Mais le frère sauvage ne revint pas et le hurlement ne fut pas entendu.
Maar die wilde broer het nie teruggekeer nie, en die gehuil is nie gehoor nie.
Buck a commencé à dormir dehors, restant absent pendant des jours.
Buck het buite begin slaap en dae aaneen weggebly.
Une fois, il traversa la haute ligne de partage des eaux où le ruisseau commençait.
Eenkeer het hy die hoë kloof oorgesteek waar die spruit begin het.
Il entra dans le pays des bois sombres et des larges ruisseaux.
Hy het die land van donker hout en wye vloeiende strome binnegegaan.
Pendant une semaine, il a erré, à la recherche de signes de son frère sauvage.
'n Week lank het hy rondgeswerf, op soek na tekens van die wilde broer.
Il tuait sa propre viande et voyageait à grands pas, sans relâche.
Hy het sy eie vleis doodgemaak en met lang, onvermoeide treë gereis.
Il pêchait le saumon dans une large rivière qui se jetait dans la mer.
Hy het vir salm gevang in 'n wye rivier wat die see bereik het.
Là, il combattit et tua un ours noir rendu fou par les insectes.
Daar het hy 'n swart beer geveg en doodgemaak wat deur goggas gek was.
L'ours était en train de pêcher et courait aveuglément à travers les arbres.
Die beer het visgevang en blindelings deur die bome gehardloop.

La bataille fut féroce, réveillant le profond esprit combatif de Buck.
Die geveg was 'n hewige een, wat Buck se diep veggees wakker gemaak het.
Deux jours plus tard, Buck est revenu et a trouvé des carcajous près de sa proie.
Twee dae later het Buck teruggekeer om wolverines by sy prooi te vind.
Une douzaine d'entre eux se disputaient la viande avec une fureur bruyante.
'n Dosyn van hulle het in raserige woede oor die vleis gestry.
Buck chargea et les dispersa comme des feuilles dans le vent.
Buck het aangeval en hulle soos blare in die wind verstrooi.
Deux loups restèrent derrière, silencieux, sans vie et immobiles pour toujours.
Twee wolwe het agtergebly — stil, leweloos en roerloos vir ewig.
La soif de sang était plus forte que jamais.
Die dors na bloed het sterker geword as ooit tevore.
Buck était un chasseur, un tueur, se nourrissant de créatures vivantes.
Buck was 'n jagter, 'n moordenaar, wat van lewende wesens gevoed het.
Il a survécu seul, en s'appuyant sur sa force et ses sens aiguisés.
Hy het alleen oorleef, staatmakende op sy krag en skerp sintuie.
Il prospérait dans la nature, où seuls les plus résistants pouvaient vivre.
Hy het in die natuur gefloreer, waar net die taaistes kon leef.
De là, une grande fierté s'éleva et remplit tout l'être de Buck.
Hieruit het 'n groot trots opgestaan en Buck se hele wese gevul.
Sa fierté se reflétait dans chacun de ses pas, dans le mouvement de chacun de ses muscles.
Sy trots het in elke tree geblyk, in die rimpeling van elke spier.

Sa fierté était aussi claire qu'un discours, visible dans la façon dont il se comportait.
Sy trots was so duidelik soos spraak, gesien in hoe hy homself gedra het.
Même son épais pelage semblait plus majestueux et brillait davantage.
Selfs sy dik jas het meer majestueus gelyk en helderder geglans.
Buck aurait pu être confondu avec un loup géant.
Buck kon vir 'n reuse-houtwolf aangesien gewees het.
À l'exception du brun sur son museau et des taches au-dessus de ses yeux.
Behalwe vir bruin op sy snoet en kolle bo sy oë.
Et la traînée de fourrure blanche qui courait au milieu de sa poitrine.
En die wit streep pels wat teen die middel van sy bors af geloop het.
Il était encore plus grand que le plus grand loup de cette race féroce.
Hy was selfs groter as die grootste wolf van daardie wrede ras.
Son père, un Saint-Bernard, lui a donné de la taille et une ossature lourde.
Sy pa, 'n Sint Bernardus, het hom grootte en swaar lyf gegee.
Sa mère, une bergère, a façonné cette masse en forme de loup.
Sy moeder, 'n skaapwagter, het daardie liggaam in 'n wolfagtige vorm gevorm.
Il avait le long museau d'un loup, bien que plus lourd et plus large.
Hy het die lang snoet van 'n wolf gehad, alhoewel swaarder en breër.
Sa tête était celle d'un loup, mais construite à une échelle massive et majestueuse.
Sy kop was dié van 'n wolf, maar gebou op 'n massiewe, majestueuse skaal.
La ruse de Buck était la ruse du loup et de la nature.

Buck se listigheid was die listigheid van die wolf en van die wildernis.

Son intelligence lui vient à la fois du berger allemand et du Saint-Bernard.

Sy intelligensie het van beide die Duitse Herdershond en die Sint Bernardus gekom.

Tout cela, ajouté à une expérience difficile, faisait de lui une créature redoutable.

Dit alles, plus harde ervaring, het hom 'n vreesaanjaende wese gemaak.

Il était aussi redoutable que n'importe quelle bête qui parcourait les régions sauvages du nord.

Hy was so gedug soos enige dier wat in die noordelike wildernis rondgeswerf het.

Ne se nourrissant que de viande, Buck a atteint le sommet de sa force.

Buck het slegs van vleis geleef en die volle hoogtepunt van sy krag bereik.

Il débordait de puissance et de force masculine dans chaque fibre de son être.

Hy het oorgeloop van krag en manlike krag in elke vesel van hom.

Lorsque Thornton lui caressait le dos, ses poils brillaient d'énergie.

Toe Thornton oor sy rug streel, het die hare van energie geskitter.

Chaque cheveu crépitait, chargé du contact du magnétisme vivant.

Elke haar het gekraak, gelaai met die aanraking van lewende magnetisme.

Son corps et son cerveau étaient réglés sur le ton le plus fin possible.

Sy liggaam en brein was ingestel op die fynste moontlike toonhoogte.

Chaque nerf, chaque fibre et chaque muscle fonctionnaient en parfaite harmonie.

Elke senuwee, vesel en spier het in perfekte harmonie gewerk.

À tout son ou toute vue nécessitant une action, il répondait instantanément.
Op enige geluid of gesig wat aksie vereis het, het hy onmiddellik gereageer.
Si un husky sautait pour attaquer, Buck pouvait sauter deux fois plus vite.
As 'n husky sou spring om aan te val, kon Buck twee keer so vinnig spring.
Il a réagi plus vite que les autres ne pouvaient le voir ou l'entendre.
Hy het vinniger gereageer as wat ander selfs kon sien of hoor.
La perception, la décision et l'action se sont produites en un seul instant fluide.
Persepsie, besluit en aksie het alles in een vloeiende oomblik gekom.
En vérité, ces actes étaient distincts, mais trop rapides pour être remarqués.
In werklikheid was hierdie dade afsonderlik, maar te vinnig om op te merk.
Les intervalles entre ces actes étaient si brefs qu'ils semblaient n'en faire qu'un.
Die gapings tussen hierdie dade was so kort dat hulle soos een gelyk het.
Ses muscles et son être étaient comme des ressorts étroitement enroulés.
Sy spiere en wese was soos styf opgerolde vere.
Son corps débordait de vie, sauvage et joyeux dans sa puissance.
Sy liggaam het gegons van lewe, wild en vreugdevol in sy krag.
Parfois, il avait l'impression que la force allait jaillir de lui entièrement.
Soms het hy gevoel asof die krag heeltemal uit hom gaan bars.
« Il n'y a jamais eu un tel chien », a déclaré Thornton un jour tranquille.
"Nog nooit was daar so 'n hond nie," het Thornton een stil dag gesê.

Les partenaires regardaient Buck sortir fièrement du camp.
Die vennote het gekyk hoe Buck trots uit die kamp stap.
« Lorsqu'il a été créé, il a changé ce que pouvait être un chien », a déclaré Pete.
"Toe hy gemaak is, het hy verander wat 'n hond kan wees," het Pete gesê.
« Par Jésus ! Je le pense moi-même », acquiesça rapidement Hans.
"By Jesus! Ek dink self so," het Hans vinnig ingestem.
Ils l'ont vu s'éloigner, mais pas le changement qui s'est produit après.
Hulle het hom sien wegmarsjeer, maar nie die verandering wat daarna gekom het nie.
Dès qu'il est entré dans les bois, Buck s'est complètement transformé.
Sodra hy die bos binnegegaan het, het Buck heeltemal verander.
Il ne marchait plus, mais se déplaçait comme un fantôme sauvage parmi les arbres.
Hy het nie meer gemarsjeer nie, maar het soos 'n wilde spook tussen bome beweeg.
Il devint silencieux, les pieds comme un chat, une lueur traversant les ombres.
Hy het stil geword, katvoetig, 'n flikkering wat deur skaduwees beweeg.
Il utilisait la couverture avec habileté, rampant sur le ventre comme un serpent.
Hy het dekking met vaardigheid gebruik en soos 'n slang op sy maag gekruip.
Et comme un serpent, il pouvait bondir en avant et frapper en silence.
En soos 'n slang kon hy vorentoe spring en in stilte toeslaan.
Il pourrait voler un lagopède directement dans son nid caché.
Hy kon 'n sneeuwpop reguit uit sy verborge nes steel.
Il a tué des lapins endormis sans un seul bruit.
Hy het slapende konyne sonder 'n enkele geluid doodgemaak.

Il pouvait attraper des tamias en plein vol alors qu'ils fuyaient trop lentement.
Hy kon die eekhorings mid-lug vang aangesien hulle te stadig gevlug het.

Même les poissons dans les bassins ne pouvaient échapper à ses attaques soudaines.
Selfs visse in poele kon nie sy skielike aanvalle ontsnap nie.

Même les castors astucieux qui réparaient les barrages n'étaient pas à l'abri de lui.
Nie eens slim bewers wat damme regmaak, was veilig vir hom nie.

Il tuait pour se nourrir, pas pour le plaisir, mais il préférait tuer ses propres victimes.
Hy het vir kos doodgemaak, nie vir die pret nie—maar hy het die meeste van sy eie moorde gehou.

Pourtant, un humour sournois traversait certaines de ses chasses silencieuses.
Tog het 'n slinkse humor deur sommige van sy stil jagtogte geloop.

Il s'est approché des écureuils, mais les a laissés s'échapper.
Hy het naby eekhorings gekruip, net om hulle te laat ontsnap.

Ils allaient fuir vers les arbres, bavardant dans une rage effrayée.
Hulle was op pad na die bome te vlug, terwyl hulle van vreeslike verontwaardiging gebabbel het.

À l'arrivée de l'automne, les orignaux ont commencé à apparaître en plus grand nombre.
Soos die herfs aangebreek het, het elande in groter getalle begin verskyn.

Ils se sont déplacés lentement vers les basses vallées pour affronter l'hiver.
Hulle het stadig die lae valleie ingetrek om die winter tegemoet te gaan.

Buck avait déjà abattu un jeune veau errant.
Buck het reeds een jong, verdwaalde kalfie laat val.

Mais il aspirait à affronter des proies plus grandes et plus dangereuses.

Maar hy het verlang om groter, gevaarliker prooi te trotseer.
Un jour, à la ligne de partage des eaux, à la tête du ruisseau, il trouva sa chance.
Eendag op die kloof, by die bopunt van die spruit, het hy sy kans gevind.
Un troupeau de vingt orignaux avait traversé des terres boisées.
'n Trop van twintig elande het van beboste lande oorgesteek.
Parmi eux se trouvait un puissant taureau, le chef du groupe.
Onder hulle was 'n magtige bul; die leier van die groep.
Le taureau mesurait plus de six pieds de haut et avait l'air féroce et sauvage.
Die bul het meer as ses voet hoog gestaan en het fel en wild gelyk.
Il lança ses larges bois, quatorze pointes se ramifiant vers l'extérieur.
Hy het sy wye gewei slinger, veertien punte wat na buite vertak.
Les extrémités de ces bois s'étendaient sur sept pieds de large.
Die punte van daardie gewei het sewe voet breed gestrek.
Ses petits yeux brûlaient de rage lorsqu'il aperçut Buck à proximité.
Sy klein ogies het van woede gebrand toe hy Buck naby gewaar het.
Il poussa un rugissement furieux, tremblant de fureur et de douleur.
Hy het 'n woedende gebrul uitgestoot, bewerig van woede en pyn.
Une pointe de flèche sortait près de son flanc, empennée et pointue.
'n Pylpunt het naby sy flank uitgesteek, geveerd en skerp.
Cette blessure a contribué à expliquer son humeur sauvage et amère.
Hierdie wond het gehelp om sy wrede, bittere bui te verklaar.
Buck, guidé par un ancien instinct de chasseur, a fait son mouvement.

Buck, gelei deur antieke jaginstink, het sy skuif gemaak.
Son objectif était de séparer le taureau du reste du troupeau.
Hy het ten doel gehad om die bul van die res van die kudde te skei.
Ce n'était pas une tâche facile : il fallait de la rapidité et une ruse féroce.
Dit was geen maklike taak nie—dit het spoed en vurige sluheid geverg.
Il aboyait et dansait près du taureau, juste hors de portée.
Hy het geblaf en gedans naby die bul, net buite bereik.
L'élan s'est précipité avec d'énormes sabots et des bois mortels.
Die eland het met groot hoewe en dodelike gewei geskiet.
Un seul coup aurait pu mettre fin à la vie de Buck en un clin d'œil.
Een hou kon Buck se lewe in 'n oogwink beëindig het.
Incapable de laisser la menace derrière lui, le taureau devint fou.
Omdat hy die bedreiging nie kon agterlaat nie, het die bul woedend geword.
Il chargea avec fureur, mais Buck s'échappa toujours.
Hy het woedend aangeval, maar Buck het altyd weggeglip.
Buck simula une faiblesse, l'attirant plus loin du troupeau.
Buck het swakheid geveins en hom verder van die trop af gelok.
Mais les jeunes taureaux allaient charger pour protéger le leader.
Maar jong bulle sou terugstorm om die leier te beskerm.
Ils ont forcé Buck à battre en retraite et le taureau à rejoindre le groupe.
Hulle het Buck gedwing om terug te trek en die bul om weer by die groep aan te sluit.
Il y a une patience dans la nature, profonde et imparable.
Daar is 'n geduld in die wildernis, diep en onstuitbaar.
Une araignée attend immobile dans sa toile pendant d'innombrables heures.
'n Spinnekop wag vir tallose ure bewegingloos in sy web.

Un serpent s'enroule sans tressaillement et attend que son heure soit venue.
'n Slang kronkel sonder om te ruk, en wag totdat dit tyd is.
Une panthère se tient en embuscade, jusqu'à ce que le moment arrive.
'n Panter lê in 'n hinderlaag, totdat die oomblik aanbreek.
C'est la patience des prédateurs qui chassent pour survivre.
Dit is die geduld van roofdiere wat jag om te oorleef.
Cette même patience brûlait à l'intérieur de Buck alors qu'il restait proche.
Dieselfde geduld het binne Buck gebrand terwyl hy naby gebly het.
Il resta près du troupeau, ralentissant sa marche et suscitant la peur.
Hy het naby die trop gebly, hul mars vertraag en vrees gesaai.
Il taquinait les jeunes taureaux et harcelait les vaches mères.
Hy het die jong bulle geterg en die moederkoeie geteister.
Il a plongé le taureau blessé dans une rage encore plus profonde et impuissante.
Hy het die gewonde bul in 'n dieper, hulpelose woede gedryf.
Pendant une demi-journée, le combat s'est prolongé sans aucun répit.
Vir 'n halwe dag het die geveg sonder enige rus aangehou.
Buck attaquait sous tous les angles, rapide et féroce comme le vent.
Buck het van elke hoek af aangeval, vinnig en fel soos wind.
Il a empêché le taureau de se reposer ou de se cacher avec son troupeau.
Hy het gekeer dat die bul saam met sy trop rus of wegkruip.
Le cerf a épuisé la volonté de l'élan plus vite que son corps.
Bok het die eland se wilskrag vinniger as sy lyf uitgeput.
La journée passa et le soleil se coucha bas dans le ciel du nord-ouest.
Die dag het verbygegaan en die son het laag in die noordwestelike lug gesak.
Les jeunes taureaux revinrent plus lentement pour aider leur chef.

Die jong bulle het stadiger teruggekeer om hul leier te help.
Les nuits d'automne étaient revenues et l'obscurité durait désormais six heures.
Herfsnagte het teruggekeer, en die donkerte het nou ses uur geduur.
L'hiver les poussait vers des vallées plus sûres et plus chaudes.
Die winter het hulle afdraand na veiliger, warmer valleie gedruk.
Mais ils ne pouvaient toujours pas échapper au chasseur qui les retenait.
Maar steeds kon hulle nie ontsnap aan die jagter wat hulle teruggehou het nie.
Une seule vie était en jeu : pas celle du troupeau, mais celle de leur chef.
Slegs een lewe was op die spel—nie die kudde s'n nie, net hul leier s'n.
Cela rendait la menace lointaine et non leur préoccupation urgente.
Dit het die bedreiging ver verwyderd gemaak en nie hul dringende bekommernis nie.
Au fil du temps, ils ont accepté ce prix et ont laissé Buck prendre le vieux taureau.
Mettertyd het hulle hierdie koste aanvaar en Buck die ou bul laat neem.
Alors que le crépuscule s'installait, le vieux taureau se tenait debout, la tête baissée.
Toe die skemer inval, het die ou bul met sy kop na onder gestaan.
Il regarda le troupeau qu'il avait conduit disparaître dans la lumière déclinante.
Hy het gekyk hoe die kudde wat hy gelei het, in die dowwe lig verdwyn.
Il y avait des vaches qu'il avait connues, des veaux qu'il avait autrefois engendrés.
Daar was koeie wat hy geken het, kalwers wat hy eens op 'n tyd die vader van was.

Il y avait des taureaux plus jeunes qu'il avait combattus et dominés au cours des saisons précédentes.
Daar was jonger bulle teen wie hy in vorige seisoene geveg en regeer het.
Il ne pouvait pas les suivre, car Buck était à nouveau accroupi devant lui.
Hy kon hulle nie volg nie – want voor hom het Buck weer gehurk.
La terreur impitoyable aux crocs bloquait tous les chemins qu'il pouvait emprunter.
Die genadelose, slagtande vrees het elke pad wat hy kon neem, versper.
Le taureau pesait plus de trois cents livres de puissance dense.
Die bul het meer as drie honderd gewig digte krag geweeg.
Il avait vécu longtemps et s'était battu avec acharnement dans un monde de luttes.
Hy het lank geleef en hard geveg in 'n wêreld van stryd.
Mais maintenant, à la fin, la mort venait d'une bête bien en dessous de lui.
Tog, nou, aan die einde, het die dood gekom van 'n dier ver onder hom.
La tête de Buck n'atteignait même pas les énormes genoux noueux du taureau.
Buck se kop het nie eers tot by die bul se enorme, gekneukelde knieë gekom nie.
À partir de ce moment, Buck resta avec le taureau nuit et jour.
Van daardie oomblik af het Buck dag en nag by die bul gebly.
Il ne lui a jamais laissé de repos, ne lui a jamais permis de brouter ou de boire.
Hy het hom nooit rus gegee nie, hom nooit toegelaat om te wei of te drink nie.
Le taureau a essayé de manger de jeunes pousses de bouleau et des feuilles de saule.
Die bul het probeer om jong berkspruite en wilgerblare te eet.
Mais Buck le repoussa, toujours alerte et toujours attaquant.

Maar Buck het hom weggedryf, altyd waaksaam en altyd aanvallend.
Même dans les ruisseaux qui ruisselaient, Buck bloquait toute tentative assoiffée.
Selfs by kabbelende strome het Buck elke dorstige poging geblokkeer.
Parfois, par désespoir, le taureau s'enfuyait à toute vitesse.
Soms, uit desperaatheid, het die bul teen volle spoed gevlug.
Buck le laissa courir, galopant calmement juste derrière, jamais très loin.
Buck het hom laat hardloop, kalm net agter hom aan gedraf, nooit ver weg nie.
Lorsque l'élan s'arrêta, Buck s'allongea, mais resta prêt.
Toe die eland stilstaan, het Buck gaan lê, maar gereed gebly.
Si le taureau essayait de manger ou de boire, Buck frappait avec une fureur totale.
As die bul probeer eet of drink, het Buck met volle woede toegeslaan.
La grosse tête du taureau s'affaissait sous ses vastes bois.
Die bul se groot kop het laer onder sy ontsaglike gewei gehang.
Son rythme ralentit, le trot devint lourd, une marche trébuchante.
Sy pas het stadiger geword, die draf het swaar geword; 'n struikelende stap.
Il restait souvent immobile, les oreilles tombantes et le nez au sol.
Hy het dikwels stilgestaan met hangende ore en neus teen die grond.
Pendant ces moments-là, Buck prenait le temps de boire et de se reposer.
Gedurende daardie oomblikke het Buck tyd geneem om te drink en te rus.
La langue tirée, les yeux fixés, Buck sentait que la terre était en train de changer.
Met sy tong uit, sy oë stip, het Buck aangevoel dat die land besig was om te verander.

Il sentit quelque chose de nouveau se déplacer dans la forêt et dans le ciel.
Hy het iets nuuts deur die woud en die lug gevoel beweeg.
Avec le retour des orignaux, d'autres créatures sauvages ont fait de même.
Soos die elande teruggekeer het, het ander diere van die wilde diere ook gedoen.
La terre semblait vivante, avec une présence invisible mais fortement connue.
Die land het lewendig met teenwoordigheid gevoel, ongesiens maar sterk bekend.
Ce n'était ni par l'ouïe, ni par la vue, ni par l'odorat que Buck le savait.
Dit was nie deur klank, sig of reuk dat Buck dit geweet het nie.
Un sentiment plus profond lui disait que de nouvelles forces étaient en mouvement.
'n Dieper gevoel het hom gesê dat nuwe kragte aan die beweeg was.
Une vie étrange s'agitait dans les bois et le long des ruisseaux.
Vreemde lewe het deur die woude en langs die strome geroer.
Il a décidé d'explorer cet esprit, une fois la chasse terminée.
Hy het besluit om hierdie gees te verken nadat die jag voltooi was.
Le quatrième jour, Buck a finalement abattu l'élan.
Op die vierde dag het Buck uiteindelik die eland neergehaal.
Il est resté près de la proie pendant une journée et une nuit entières, se nourrissant et se reposant.
Hy het 'n volle dag en nag by die prooi gebly, geëet en gerus.
Il mangea, puis dormit, puis mangea à nouveau, jusqu'à ce qu'il soit fort et rassasié.
Hy het geëet, toe geslaap, toe weer geëet, totdat hy sterk en versadig was.
Lorsqu'il fut prêt, il retourna vers le camp et Thornton.
Toe hy gereed was, het hy teruggedraai na die kamp en Thornton.

D'un pas régulier, il commença le long voyage de retour vers la maison.
Met 'n bestendige pas het hy die lang terugreis huis toe begin.
Il courait d'un pas infatigable, heure après heure, sans jamais s'égarer.
Hy het uur na uur onvermoeid gehardloop, sonder om ooit te dwaal.
À travers des terres inconnues, il se déplaçait droit comme l'aiguille d'une boussole.
Deur onbekende lande het hy so reguit soos 'n kompasnaald beweeg.
Son sens de l'orientation faisait paraître l'homme et la carte faibles en comparaison.
Sy rigtingsin het mens en kaart in vergelyking swak laat lyk.
Tandis que Buck courait, il sentait plus fortement l'agitation dans la terre sauvage.
Terwyl Buck gehardloop het, het hy die beroering in die wildernis sterker gevoel.
C'était un nouveau genre de vie, différent de celui des mois calmes de l'été.
Dit was 'n nuwe soort lewe, anders as dié van die kalm somermaande.
Ce sentiment n'était plus un message subtil ou distant.
Hierdie gevoel het nie meer as 'n subtiele of verre boodskap gekom nie.
Maintenant, les oiseaux parlaient de cette vie et les écureuils en bavardaient.
Nou het die voëls van hierdie lewe gepraat, en eekhorings het daaroor gekwetter.
Même la brise murmurait des avertissements à travers les arbres silencieux.
Selfs die briesie fluister waarskuwings deur die stil bome.
Il s'arrêta à plusieurs reprises et respira l'air frais du matin.
Verskeie kere het hy stilgehou en die vars oggendlug gesnuif.
Il y lut un message qui le fit bondir plus vite en avant.
Hy het daar 'n boodskap gelees wat hom vinniger vorentoe laat spring het.

Un lourd sentiment de danger l'envahit, comme si quelque chose s'était mal passé.
'n Swaar gevoel van gevaar het hom gevul, asof iets verkeerd geloop het.
Il craignait qu'une catastrophe ne se produise – ou ne soit déjà arrivée.
Hy het gevrees dat rampspoed sou kom—of reeds gekom het.
Il franchit la dernière crête et entra dans la vallée en contrebas.
Hy het die laaste rant oorgesteek en die vallei onder binnegegaan.
Il se déplaçait plus lentement, alerte et prudent à chaque pas.
Hy het stadiger, waaksaam en versigtiger met elke tree beweeg.
À trois milles de là, il trouva une piste fraîche qui le fit se raidir.
Drie myl verder het hy 'n vars spoor gevind wat hom laat styf word het.
Les cheveux le long de son cou ondulaient et se hérissaient d'alarme.
Die hare langs sy nek het geriffel en geborsel van ontsteltenis.
Le sentier menait directement au camp où Thornton attendait.
Die paadjie het reguit na die kamp gelei waar Thornton gewag het.
Buck se déplaçait désormais plus rapidement, sa foulée à la fois silencieuse et rapide.
Buck beweeg nou vinniger, sy treë beide stil en vinnig.
Ses nerfs se sont resserrés lorsqu'il a lu des signes que d'autres allaient manquer.
Sy senuwees het saamgetrek toe hy tekens lees wat ander gaan mis.
Chaque détail du sentier racontait une histoire, sauf le dernier morceau.
Elke detail in die roete het 'n storie vertel—behalwe die laaste stuk.

Son nez lui parlait de la vie qui s'était déroulée ici.
Sy neus het hom vertel van die lewe wat so verbygegaan het.
L'odeur lui donnait une image changeante alors qu'il le suivait de près.
Die reuk het hom 'n veranderende prentjie gegee terwyl hy kort agter hom gevolg het.
Mais la forêt elle-même était devenue silencieuse, anormalement immobile.
Maar die woud self het stil geword; onnatuurlik stil.
Les oiseaux avaient disparu, les écureuils étaient cachés, silencieux et immobiles.
Voëls het verdwyn, eekhorings was weggesteek, stil en stil.
Il n'a vu qu'un seul écureuil gris, allongé sur un arbre mort.
Hy het net een grys eekhoring gesien, plat op 'n dooie boom.
L'écureuil se fondait dans la masse, raide et immobile comme une partie de la forêt.
Die eekhoring het ingemeng, styf en bewegingloos soos 'n deel van die woud.
Buck se déplaçait comme une ombre, silencieux et sûr à travers les arbres.
Buck het soos 'n skaduwee beweeg, stil en seker deur die bome.
Son nez se souleva sur le côté comme s'il était tiré par une main invisible.
Sy neus het sywaarts geruk asof dit deur 'n onsigbare hand getrek is.
Il se retourna et suivit la nouvelle odeur jusqu'au plus profond d'un fourré.
Hy het omgedraai en die nuwe reuk diep in 'n ruigte gevolg.
Là, il trouva Nig, étendu mort, transpercé par une flèche.
Daar het hy Nig gevind, dood lêend, deurboor deur 'n pyl.
La flèche traversa son corps, laissant encore apparaître ses plumes.
Die skag het deur sy lyf gegaan, vere steeds sigbaar.
Nig s'était traîné jusqu'ici, mais il était mort avant d'avoir pu obtenir de l'aide.

Nig het homself daarheen gesleep, maar is dood voordat hy hulp kon kry.

Une centaine de mètres plus loin, Buck trouva un autre chien de traîneau.

'n Honderd meter verder het Buck nog 'n sleehond gevind.

C'était un chien que Thornton avait racheté à Dawson City.

Dit was 'n hond wat Thornton in Dawson City gekoop het.

Le chien était en proie à une lutte à mort, se débattant violemment sur le sentier.

Die hond was in 'n doodstryd, hard aan die haal op die paadjie.

Buck le contourna sans s'arrêter, les yeux fixés devant lui.

Buck het om hom verbygegaan, sonder om te stop, sy oë voor hom gevestig.

Du côté du camp venait un chant lointain et rythmé.

Uit die rigting van die kamp het 'n verafgeleë, ritmiese gesang gekom.

Les voix s'élevaient et retombaient sur un ton étrange, inquiétant et chantant.

Stemme het opgestaan en geval in 'n vreemde, grillerige, singende toon.

Buck rampa jusqu'au bord de la clairière en silence.

Buck het in stilte vorentoe na die rand van die oopte gekruip.

Là, il vit Hans étendu face contre terre, percé de nombreuses flèches.

Daar het hy Hans sien lê met sy gesig na onder, deurboor met baie pyle.

Son corps ressemblait à celui d'un porc-épic, hérissé de plumes.

Sy liggaam het gelyk soos 'n ystervark, besaai met geveerde skagte.

Au même moment, Buck regarda vers le pavillon en ruine.

Op dieselfde oomblik het Buck na die verwoeste lodge gekyk.

Cette vue lui fit dresser les cheveux sur la nuque et les épaules.

Die gesig het die hare op sy nek en skouers styf laat rys.

Une tempête de rage sauvage parcourut tout le corps de Buck.
'n Storm van wilde woede het deur Buck se hele liggaam gespoel.
Il grogna à haute voix, même s'il ne savait pas qu'il l'avait fait.
Hy het hardop gegrom, hoewel hy nie geweet het dat hy dit wel gedoen het nie.
Le son était brut, rempli d'une fureur terrifiante et sauvage.
Die geluid was rou, gevul met skrikwekkende, wrede woede.
Pour la dernière fois de sa vie, Buck a perdu la raison au profit de l'émotion.
Vir die laaste keer in sy lewe het Buck rede verloor teenoor emosie.
C'est l'amour pour John Thornton qui a brisé son contrôle minutieux.
Dit was liefde vir John Thornton wat sy noukeurige beheer verbreek het.
Les Yeehats dansaient autour de la hutte en épicéa détruite.
Die Yeehats het rondom die verwoeste sparrehuisie gedans.
Puis un rugissement retentit et une bête inconnue chargea vers eux.
Toe kom daar 'n gebrul—en 'n onbekende dier storm op hulle af.
C'était Buck ; une fureur en mouvement ; une tempête vivante de vengeance.
Dit was Buck; 'n woede in beweging; 'n lewende storm van wraak.
Il se jeta au milieu d'eux, fou du besoin de tuer.
Hy het homself in hulle midde gewerp, waansinnig van die begeerte om dood te maak.
Il sauta sur le premier homme, le chef Yeehat, et frappa juste.
Hy het op die eerste man, die Yeehat-hoof, gespring en waar getref.
Sa gorge fut déchirée et du sang jaillit à flots.
Sy keel was oopgeskeur, en bloed het in 'n stroom gespuit.

Buck ne s'arrêta pas, mais déchira la gorge de l'homme suivant d'un seul bond.
Buck het nie gestop nie, maar het die volgende man se keel met een sprong geskeur.

Il était inarrêtable : il déchirait, taillait, ne s'arrêtait jamais pour se reposer.
Hy was onstuitbaar—geskeur, gekap, nooit stilgehou om te rus nie.

Il s'élança et bondit si vite que leurs flèches ne purent l'atteindre.
Hy het so vinnig geskiet en gespring dat hulle pyle hom nie kon raak nie.

Les Yeehats étaient pris dans leur propre panique et confusion.
Die Yeehats was vasgevang in hul eie paniek en verwarring.

Leurs flèches manquèrent Buck et se frappèrent l'une l'autre à la place.
Hul pyle het Buck gemis en mekaar eerder getref.

Un jeune homme a lancé une lance sur Buck et a touché un autre homme.
Een jongman het 'n spies na Buck gegooi en 'n ander man getref.

La lance lui transperça la poitrine, la pointe lui transperçant le dos.
Die spies het deur sy bors gesteek, die punt het sy rug uitgeslaan.

La terreur s'empara des Yeehats et ils se mirent en retraite.
Skrik het oor die Yeehats gevee, en hulle het ten volle teruggeval.

Ils crièrent à l'Esprit Maléfique et s'enfuirent dans les ombres de la forêt.
Hulle het van die Bose Gees geskree en in die skaduwees van die woud gevlug.

Vraiment, Buck était comme un démon alors qu'il poursuivait les Yeehats.
Waarlik, Buck was soos 'n demoon terwyl hy die Yeehats agterna gesit het.

Il les poursuivit à travers la forêt, les faisant tomber comme des cerfs.
Hy het agter hulle aangeruk deur die bos en hulle soos takbokke neergehaal.
Ce fut un jour de destin et de terreur pour les Yeehats effrayés.
Dit het 'n dag van noodlot en vrees geword vir die verskrikte Yeehats.
Ils se dispersèrent à travers le pays, fuyant au loin dans toutes les directions.
Hulle het oor die land versprei en in alle rigtings gevlug.
Une semaine entière s'est écoulée avant que les derniers survivants ne se retrouvent dans une vallée.
'n Volle week het verbygegaan voordat die laaste oorlewendes mekaar in 'n vallei ontmoet het.
Ce n'est qu'alors qu'ils ont compté leurs pertes et parlé de ce qui s'était passé.
Eers toe het hulle hul verliese getel en gepraat oor wat gebeur het.
Buck, après s'être lassé de la chasse, retourna au camp en ruine.
Nadat Buck moeg geword het van die jaagtog, het hy na die verwoeste kamp teruggekeer.
Il a trouvé Pete, toujours dans ses couvertures, tué lors de la première attaque.
Hy het Pete, steeds in sy komberse, in die eerste aanval dood gevind.
Les signes du dernier combat de Thornton étaient marqués dans la terre à proximité.
Tekens van Thornton se laaste stryd was in die grond naby.
Buck a suivi chaque trace, reniflant chaque marque jusqu'à un point final.
Buck het elke spoor gevolg en aan elke merk tot by 'n finale punt geruik.
Au bord d'un bassin profond, il trouva le fidèle Skeet, allongé immobile.

Aan die rand van 'n diep poel het hy die getroue Skeet gevind, stil lêend.

La tête et les pattes avant de Skeet étaient dans l'eau, immobiles dans la mort.

Skeet se kop en voorpote was in die water, roerloos in die dood.

La piscine était boueuse et contaminée par les eaux de ruissellement provenant des écluses.

Die swembad was modderig en besmet met afloop van die sluiskaste.

Sa surface nuageuse cachait ce qui se trouvait en dessous, mais Buck connaissait la vérité.

Sy bewolkte oppervlak het verberg wat onder lê, maar Buck het die waarheid geken.

Il a suivi l'odeur de Thornton dans la piscine, mais l'odeur ne menait nulle part ailleurs.

Hy het Thornton se reuk in die poel opgespoor — maar die reuk het nêrens anders gelei nie.

Aucune odeur ne menait à l'extérieur, seulement le silence des eaux profondes.

Daar was geen geur wat uitlei nie — net die stilte van diep water.

Toute la journée, Buck resta près de la piscine, arpentant le camp avec chagrin.

Die hele dag het Buck naby die poel gebly en bedroef deur die kamp geloop.

Il errait sans cesse ou restait assis, immobile, perdu dans ses pensées.

Hy het rusteloos rondgedwaal of stil gesit, verlore in swaar gedagtes.

Il connaissait la mort, la fin de la vie, la disparition de tout mouvement.

Hy het die dood geken; die einde van die lewe; die verdwyning van alle beweging.

Il comprit que John Thornton était parti et ne reviendrait jamais.

Hy het verstaan dat John Thornton weg was, om nooit terug te keer nie.
La perte a laissé en lui un vide qui palpitait comme la faim.
Die verlies het 'n leë ruimte in hom gelaat wat soos honger geklop het.
Mais c'était une faim que la nourriture ne pouvait apaiser, peu importe la quantité qu'il mangeait.
Maar hierdie was 'n honger wat kos nie kon stil nie, maak nie saak hoeveel hy geëet het nie.
Parfois, alors qu'il regardait les Yeehats morts, la douleur s'estompait.
Soms, terwyl hy na die dooie Yeehats gekyk het, het die pyn vervaag.
Et puis une étrange fierté monta en lui, féroce et complète.
En toe het 'n vreemde trots binne hom opgestaan, fel en volkome.
Il avait tué l'homme, le gibier le plus élevé et le plus dangereux de tous.
Hy het die mens doodgemaak, die hoogste en gevaarlikste spel van almal.
Il avait tué au mépris de l'ancienne loi du gourdin et des crocs.
Hy het doodgemaak in stryd met die antieke wet van knuppel en slagtand.
Buck renifla leurs corps sans vie, curieux et pensif.
Buck het aan hulle lewelose liggame geruik, nuuskierig en bedagsaam.
Ils étaient morts si facilement, bien plus facilement qu'un husky dans un combat.
Hulle het so maklik gesterf—baie makliker as 'n husky in 'n geveg.
Sans leurs armes, ils n'avaient aucune véritable force ni menace.
Sonder hul wapens het hulle geen ware krag of bedreiging gehad nie.
Buck n'aurait plus jamais peur d'eux, à moins qu'ils ne soient armés.

Buck sou hulle nooit weer vrees nie, tensy hulle gewapen was.
Ce n'est que lorsqu'ils portaient des gourdins, des lances ou des flèches qu'il se méfiait.
Slegs wanneer hulle knuppels, spiese of pyle gedra het, sou hy versigtig wees.

La nuit tomba et une pleine lune se leva au-dessus de la cime des arbres.
Die nag het geval, en 'n volmaan het hoog bo die toppe van die bome uitgestyg.
La pâle lumière de la lune baignait la terre d'une douce lueur fantomatique, comme le jour.
Die maan se vae lig het die land in 'n sagte, spookagtige gloed soos dag gebad.
Alors que la nuit s'approfondissait, Buck pleurait toujours au bord de la piscine silencieuse.
Terwyl die nag verdiep het, het Buck steeds langs die stil poel getreur.
Puis il prit conscience d'un autre mouvement dans la forêt.
Toe word hy bewus van 'n ander roering in die woud.
L'agitation ne venait pas des Yeehats, mais de quelque chose de plus ancien et de plus profond.
Die roering was nie van die Yeehats nie, maar van iets ouer en dieper.
Il se leva, les oreilles dressées, le nez testant la brise avec précaution.
Hy het opgestaan, ore opgelig, sy neus het die briesie versigtig getoets.
De loin, un cri faible et aigu perça le silence.
Van ver af kom 'n dowwe, skerp gegil wat die stilte deurboor.
Puis un chœur de cris similaires suivit de près le premier.
Toe het 'n koor van soortgelyke uitroepe kort agter die eerste gevolg.
Le bruit se rapprochait, devenant plus fort à chaque instant qui passait.
Die geluid het nader gekom, harder met elke oomblik wat verbygaan.

Buck connaissait ce cri : il venait de cet autre monde dans sa mémoire.
Buck het hierdie uitroep geken — dit het uit daardie ander wêreld in sy geheue gekom.
Il se dirigea vers le centre de l'espace ouvert et écouta attentivement.
Hy het na die middel van die oop ruimte gestap en aandagtig geluister.
L'appel retentit, multiple et plus puissant que jamais.
Die oproep het weerklink, veelgehoord en kragtiger as ooit tevore.
Et maintenant, plus que jamais, Buck était prêt à répondre à son appel.
En nou, meer as ooit tevore, was Buck gereed om sy roeping te beantwoord.
John Thornton était mort et il ne lui restait plus aucun lien avec l'homme.
John Thornton was dood, en geen band met die mens het in hom oorgebly nie.
L'homme et toutes ses prétentions avaient disparu : il était enfin libre.
Die mens en alle menslike eise was weg — hy was uiteindelik vry.
La meute de loups chassait de la viande comme les Yeehats l'avaient fait autrefois.
Die wolftrop het vleis gejaag soos die Yeehats eens op 'n tyd gedoen het.
Ils avaient suivi les orignaux depuis les terres boisées.
Hulle het elande van die beboste lande af gevolg.
Maintenant, sauvages et affamés de proies, ils traversèrent sa vallée.
Nou, wild en honger na prooi, het hulle sy vallei oorgesteek.
Ils arrivèrent dans la clairière éclairée par la lune, coulant comme de l'eau argentée.
In die maanverligte oopte het hulle gekom, vloeiend soos silwer water.
Buck se tenait immobile au centre, les attendant.

Buck het bewegingloos in die middel gestaan en vir hulle gewag.
Sa présence calme et imposante a stupéfié la meute et l'a plongée dans un bref silence.
Sy kalm, groot teenwoordigheid het die trop tot 'n kort stilte verstom.
Alors le loup le plus audacieux sauta droit sur lui sans hésitation.
Toe spring die dapperste wolf sonder aarseling reguit op hom af.
Buck frappa vite et brisa le cou du loup d'un seul coup.
Buck het vinnig toegeslaan en die wolf se nek in 'n enkele hou gebreek.
Il resta immobile à nouveau tandis que le loup mourant se tordait derrière lui.
Hy het weer bewegingloos gestaan terwyl die sterwende wolf agter hom gedraai het.
Trois autres loups ont attaqué rapidement, l'un après l'autre.
Drie verdere wolwe het vinnig aangeval, een na die ander.
Chacun d'eux s'est retiré en sang, la gorge ou les épaules tranchées.
Elkeen het bloeiend teruggedeins, hul kele of skouers afgesny.
Cela a suffi à déclencher une charge sauvage de toute la meute.
Dit was genoeg om die hele trop in 'n wilde stormloop te laat beland.
Ils se précipitèrent ensemble, trop impatients et trop nombreux pour bien frapper.
Hulle het saam ingestorm, te gretig en te druk om goed toe te slaan.
La vitesse et l'habileté de Buck lui ont permis de rester en tête de l'attaque.
Buck se spoed en vaardigheid het hom toegelaat om voor die aanval te bly.
Il tournait sur ses pattes arrière, claquant et frappant dans toutes les directions.

Hy het op sy agterpote gedraai, geknap en in alle rigtings geslaan.
Pour les loups, cela donnait l'impression que sa défense ne s'était jamais ouverte ou n'avait jamais faibli.
Vir die wolwe het dit gelyk asof sy verdediging nooit oopgemaak of gestruikel het nie.
Il s'est retourné et a frappé si vite qu'ils ne pouvaient pas passer derrière lui.
Hy het omgedraai en so vinnig gekap dat hulle nie agter hom kon kom nie.
Néanmoins, leur nombre l'obligea à céder du terrain et à reculer.
Nietemin het hul getalle hom gedwing om terrein te gee en terug te deins.
Il passa devant la piscine et descendit dans le lit rocheux du ruisseau.
Hy het verby die poel en af in die rotsagtige spruitbedding beweeg.
Là, il se heurta à un talus abrupt de gravier et de terre.
Daar het hy teen 'n steil wal van gruis en grond afgekom.
Il s'est retrouvé coincé dans un coin coupé lors des fouilles des mineurs.
Hy het in 'n hoek vasgeval wat tydens die mynwerkers se ou grawery gesny is.
Désormais protégé sur trois côtés, Buck ne faisait face qu'au loup de devant.
Nou, beskerm aan drie kante, het Buck net die voorste wolf in die gesig gestaar.
Là, il se tenait à distance, prêt pour la prochaine vague d'assaut.
Daar het hy op 'n afstand gestaan, gereed vir die volgende vlaag aanvalle.
Buck a tenu bon si farouchement que les loups ont reculé.
Buck het so fel standgehou dat die wolwe teruggedeins het.
Au bout d'une demi-heure, ils étaient épuisés et visiblement vaincus.
Na 'n halfuur was hulle uitgeput en sigbaar verslaan.

Leurs langues pendaient, leurs crocs blancs brillaient au clair de lune.
Hul tonge het uitgehang, hul wit slagtande het in die maanlig geglim.
Certains loups se sont couchés, la tête levée, les oreilles dressées vers Buck.
'n Paar wolwe het gaan lê, koppe opgelig, ore gespits na Buck toe.
D'autres restaient immobiles, vigilants et observant chacun de ses mouvements.
Ander het stilgestaan, waaksaam en elke beweging van hom dopgehou.
Quelques-uns se sont dirigés vers la piscine et ont bu de l'eau froide.
'n Paar het na die swembad gedrink en koue water gedrink.
Puis un loup gris, long et maigre, s'avança doucement.
Toe kruip een lang, maer grys wolf saggies vorentoe.
Buck le reconnut : c'était le frère sauvage de tout à l'heure.
Buck het hom herken—dit was die wilde broer van voorheen.
Le loup gris gémit doucement, et Buck répondit par un gémissement.
Die grys wolf het saggies gehuil, en Buck het met 'n gehuil geantwoord.
Ils se touchèrent le nez, tranquillement et sans menace ni peur.
Hulle het neuse aangeraak, stilweg en sonder dreigement of vrees.
Ensuite est arrivé un loup plus âgé, maigre et marqué par de nombreuses batailles.
Volgende kom 'n ouer wolf, maer en geskend van baie gevegte.
Buck commença à grogner, mais s'arrêta et renifla le nez du vieux loup.
Buck het begin grom, maar het gepouseer en aan die ou wolf se neus gesnuif.
Le vieux s'assit, leva le nez et hurla à la lune.
Die ou een het gaan sit, sy neus opgelig en na die maan gehuil.

Le reste de la meute s'assit et se joignit au long hurlement.
Die res van die trop het gaan sit en aan die lang gehuil deelgeneem.
Et maintenant, l'appel est venu à Buck, indubitable et fort.
En nou het die oproep na Buck gekom, onmiskenbaar en sterk.
Il s'assit, leva la tête et hurla avec les autres.
Hy het gaan sit, sy kop opgelig en saam met die ander gehuil.
Lorsque les hurlements ont cessé, Buck est sorti de son abri rocheux.
Toe die gehuil eindig, het Buck uit sy rotsagtige skuiling gestap.
La meute se referma autour de lui, reniflant à la fois gentiment et avec prudence.
Die trop het om hom gesluit en vriendelik en versigtig gesnuif.
Les chefs ont alors poussé un cri et se sont précipités dans la forêt.
Toe het die leiers gegil en die woud ingehardloop.
Les autres loups suivirent, hurlant en chœur, sauvages et rapides dans la nuit.
Die ander wolwe het gevolg, gillend in koor, wild en vinnig in die nag.
Buck courait avec eux, à côté de son frère sauvage, hurlant en courant.
Buck het saam met hulle gehardloop, langs sy wilde broer, en gehuil terwyl hy gehardloop het.

Ici, l'histoire de Buck fait bien de se terminer.
Hier doen die storie van Buck goed om tot 'n einde te kom.
Dans les années qui suivirent, les Yeehats remarquèrent d'étranges loups.
In die jare wat gevolg het, het die Yeehats vreemde wolwe opgemerk.
Certains avaient du brun sur la tête et le museau, du blanc sur la poitrine.
Sommige het bruin op hul koppe en snoete gehad, wit op die bors.

Mais plus encore, ils craignaient une silhouette fantomatique parmi les loups.
Maar nog meer het hulle 'n spookagtige figuur tussen die wolwe gevrees.

Ils parlaient à voix basse du Chien Fantôme, chef de la meute.
Hulle het in fluisteringe van die Spookhond, leier van die trop, gepraat.

Ce chien fantôme était plus rusé que le plus audacieux des chasseurs Yeehat.
Hierdie Spookhond het meer listigheid gehad as die dapperste Yeehat-jagter.

Le chien fantôme a volé dans les camps en plein hiver et a déchiré leurs pièges.
Die spookhond het in die diep winter uit kampe gesteel en hul strikke uitmekaar geskeur.

Le chien fantôme a tué leurs chiens et a échappé à leurs flèches sans laisser de trace.
Die spookhond het hul honde doodgemaak en spoorloos van hul pyle ontsnap.

Même leurs guerriers les plus courageux craignaient d'affronter cet esprit sauvage.
Selfs hul dapperste krygers was bang om hierdie wilde gees in die gesig te staar.

Non, l'histoire devient encore plus sombre à mesure que les années passent dans la nature.
Nee, die verhaal word nog donkerder soos die jare in die wildernis verbygaan.

Certains chasseurs disparaissent et ne reviennent jamais dans leurs camps éloignés.
Sommige jagters verdwyn en keer nooit terug na hul verafgeleë kampe nie.

D'autres sont retrouvés la gorge arrachée, tués dans la neige.
Ander word gevind met hul kele oopgeskeur, doodgemaak in die sneeu.

Autour de leur corps se trouvent des traces plus grandes que celles que n'importe quel loup pourrait laisser.

Om hulle liggame is spore—groter as wat enige wolf kan maak.

Chaque automne, les Yeehats suivent la piste de l'élan.
Elke herfs volg Yeehats die spoor van die eland.

Mais ils évitent une vallée avec la peur profondément gravée dans leur cœur.
Maar hulle vermy een vallei met vrees diep in hul harte gekerf.

Ils disent que la vallée a été choisie par l'Esprit du Mal pour y vivre.
Hulle sê die vallei is deur die Bose Gees vir sy tuiste gekies.

Et quand l'histoire est racontée, certaines femmes pleurent près du feu.
En wanneer die verhaal vertel word, huil sommige vroue langs die vuur.

Mais en été, un visiteur vient dans cette vallée tranquille et sacrée.
Maar in die somer kom een besoeker na daardie stil, heilige vallei.

Les Yeehats ne le connaissent pas et ne peuvent pas le comprendre.
Die Yeehats weet nie van hom nie, en hulle kon ook nie verstaan nie.

Le loup est un grand loup, revêtu de gloire, comme aucun autre de son espèce.
Die wolf is 'n groot een, oortrek met glorie, soos geen ander van sy soort nie.

Lui seul traverse le bois vert et entre dans la clairière de la forêt.
Hy alleen steek die groen bos oor en betree die woud.

Là, la poussière dorée des sacs en peau d'élan s'infiltre dans le sol.
Daar sypel goue stof van elandvelsakke in die grond in.

L'herbe et les vieilles feuilles ont caché le jaune du soleil.
Gras en ou blare het die geel van die son weggesteek.

Ici, le loup se tient en silence, réfléchissant et se souvenant.
Hier staan die wolf in stilte, dink en onthou.

Il hurle une fois, longuement et tristement, avant de se retourner pour partir.
Hy huil een keer—lank en treurig—voordat hy omdraai om te gaan.
Mais il n'est pas toujours seul au pays du froid et de la neige.
Tog is hy nie altyd alleen in die land van koue en sneeu nie.
Quand les longues nuits d'hiver descendent sur les basses vallées.
Wanneer lang winternagte oor die laer valleie neerdaal.
Quand les loups suivent le gibier à travers le clair de lune et le gel.
Wanneer die wolwe wild deur maanlig en ryp volg.
Puis il court en tête du peloton, sautant haut et sauvagement.
Dan hardloop hy voor in die trop, spring hoog en wild.
Sa silhouette domine les autres, sa gorge est animée par le chant.
Sy gestalte troon bo die ander uit, sy keel lewendig van lied.
C'est le chant du monde plus jeune, la voix de la meute.
Dit is die lied van die jonger wêreld, die stem van die trop.
Il chante en courant, fort, libre et toujours sauvage.
Hy sing terwyl hy hardloop—sterk, vry en vir ewig wild.

www.tranzlaty.com

www.ingramcontent.com/pod-product-compliance
Lightning Source LLC
Chambersburg PA
CBHW010030040426
42333CB00048B/2772